Chapitre

ISBN : 978-2-02-097288-8
N° 97288-1

Loi n° 49-956 du 16 juillet 1949 sur les publications destinées à la jeunesse.

Cécile Roumiguière

PABLO DE LA COURNEUVE

Seuil jeunesse

Pourquoi j'ai écrit ce livre…

La Courneuve, printemps 2003. Ce jour-là, dans un quartier tranquille, avec ses rues propres, ses jardins fleuris et ses pavillons, ce jour-là, j'ai trouvé l'immeuble de Pablo.
Un cafetier râlait : « Regardez-moi ces poubelles, ça déborde… Ils sont tellement nombreux… » Des enfants ont surgi d'un porche en courant, ils riaient. J'ai poussé la porte entrouverte : une cour carrée, des balustrades, du linge suspendu, des radios en espagnol. C'était l'immeuble de Pablo.
Pablo et son histoire m'ont envahie. J'ai imaginé sa vie, ses longues marches dans les rues et son intégration dans cette ville qui n'est pas si grise qu'on le croit.
La Courneuve la mal-aimée sait aimer ses habitants, elle sait les accueillir.
La Courneuve n'est pas grise, elle est multicolore.
Avec ou sans papiers, je savais que Pablo allait y trouver son soleil à lui.

Cécile Roumiguière

À Hélène B., qui restera toujours
ma première lectrice.
À Bénédicte Roux et son équipe.
À La Courneuve et à ses habitants,
à Gilles Poux et son équipe,
aux migrants de tous les pays…

1

DES VERBES À APPRENDRE

« Colombien, vaurien… » Pablo en est certain, c'est ce qu'il a entendu ce matin. Pendant la récréation, après la cantine. Il ne sait pas qui a dit ça, mais il croit deviner. Ses poings se serrent, ses yeux se plissent. Un jour, il se vengera.

Pour faire passer sa colère, dès qu'il a un moment, Pablo marche. Il marche ici comme il marchait dans son pays. Là-bas, en Colombie, Pablo avait classe le matin. Après le déjeuner, il allait souvent de son village jusqu'aux plantations de café sous les bananiers. Il traversait les champs d'ananas et montait, presqu'en courant, à en perdre le souffle. Il aurait pu grimper encore et toucher les neiges éternelles s'il avait voulu. Mais sa famille l'attendait, il rentrait toujours avant le chocolat du soir. Pour rien au monde il n'aurait raté ce délice : entortiller sa langue dans les fils du fromage fondu puis avaler à petites gorgées la boisson chaude. Ici, à La Courneuve, pas de chocolat au fromage.

Pablo n'arrive pas à s'essouffler, tout est plat. Il marche droit devant lui, il rentre quand il a trop mal aux pieds. Il ne se perd jamais. Quand il marche, il oublie la rue aux murs gris dans laquelle il vit depuis cet été. Elle est si triste… On n'a pas le droit d'y jouer, ça dérange les voisins. Chez lui, à Santa Maria del Cauca, Pablo courait dans les rues avec ses copains ; ils chantaient, ils riaient, personne ne trouvait qu'ils faisaient trop de bruit.

Pablo marche pour oublier la cour pleine de linge qui ne sèche pas sous la pluie froide. Son immeuble est caché derrière une porte cochère. « Cochère », voilà un mot qu'il a appris en français et qu'il ne connaissait pas en espagnol : il n'y a pas de porte cochère dans son village, seulement des portillons de toutes les couleurs, des maisons bleues et des fenêtres toujours ouvertes. Quand on pousse la porte cochère, toutes les musiques de la Colombie retentissent ; chacun écoute sa radio à fond et personne ne trouve ça bruyant. Mais la musique doit rester tapie là, derrière la porte, au creux des immeubles qui ferment une cour rectangulaire. Les façades portent des balustrades sur trois étages ; elles cachent l'escalier et des galeries. Les portes des appartements, une après l'autre, donnent sur ce palier couvert qui devient parking à poussettes, terrasse de repos pour les vieux et terrain de jeux pour les jeunes. Une première famille venue de Colombie s'est installée là, puis une autre.

À son tour, la famille de Pablo a atterri sur cet îlot, de lointains cousins ont cédé leur appartement, ils déménageaient ailleurs. Et maintenant l'immeuble est comme un village de Colombiens. Il est une plate-forme isolée de la ville : ballotté sur les vagues des soucis et des joies de chaque jour, il tangue. On y entend tout ce qui se dit, tout ce qui se chante, tout ce qui se pleure. Quand il fait soleil entre deux jours gris, tout le monde sort sur les galeries ; la cour résonne aux accents de la Colombie. À l'heure de la sortie des classes, les enfants transforment l'immeuble en ruche : ça bruisse, ça crie, ça rit, ça court et ça saute dans tous les sens.

– Eh, Pablo ! Tu viens ? On va dans le jardin de la Goule.

Pablo fait signe que non de la tête ; les enfants s'évaporent dans l'escalier en riant. Il a ses leçons à apprendre. Il n'a pas le temps d'aller faire enrager la pauvre folle en escaladant la clôture de son jardin, il est trop vieux, ça ne l'amuse plus. Et puis la vieille lui fait peur. Il n'aime pas les fantômes. Tout au bout de la rue, elle hante un morceau de terre grillagé en traînant son corps trop maigre. Elle flotte dans d'étranges habits, on dirait un squelette grimé. Elle chasse les enfants en braillant de sa voix rauque, et ses longs doigts battent l'air comme les ailes d'un moulin. Quand elle ne crie pas sur les enfants, elle hurle après ses chats, des dizaines de chats qui errent dans ce jardin à l'abandon. Non, Pablo n'ira pas jouer, il doit réviser ses verbes. Et puis, il y a ces insultes attrapées dans l'air et cette histoire de cartes volées qui tourne comme un refrain dans sa tête. Aller au passé composé. Je suis allé, tu es allé, il, elle est allé(e)… Allé où ? Depuis quelques jours, il sent les regards posés sur lui, et les silences. Nous sommes allés… Il n'a rien pris ! Son père le lui a bien dit : « Ici, pas de bruit, pas d'histoire. » Mais sa peau est foncée et il est nouveau dans l'école, il fait un coupable tout trouvé.

Je vole, j'ai volé… les verbes virevoltent dans sa tête. Pourquoi aurait-il volé ces cartes ? Elles sont belles, c'est vrai, elles brillent comme de l'or. Elles représentent des êtres fantastiques, des dragons ailés et de fiers samouraïs, des sorts à jeter et des armes magiques. Les cartes sont plus fortes si elles scintillent, et les enfants les échangent entre eux pendant la récréation. Mais Pablo ne sait même pas vraiment comment on joue avec, et ça ne l'intéresse pas. Il lève les yeux. La pluie tombe toujours.

Au fond de son canapé, *abuelita*[1] Susana ronfle un grand coup puis se rendort. Pablo regarde le visage rond et lisse de sa grand-mère, son menton qui monte et descend sur sa poitrine. Elle n'est pas maigre, comme la vieille Goule. *Abuelita* est dodue comme un gros oreiller. Ses grandes jupes colorées lui servaient de refuge quand il était petit. Elle porte toujours les mêmes, et des tas de tricots les uns sur les autres : depuis qu'elle vit en France, *abuelita* a froid. Sa respiration sonore rassure Pablo. Il repose les yeux sur sa leçon.

Ces conjugaisons sont une torture. Il a plus de douze ans et il est encore en primaire, au CM2. Le directeur de l'école a triché sur son âge pour qu'il

1. « Grand-mère ».

reste un an de plus, comme ça, il rattrapera son retard en français avant d'entrer au collège. Alors il dit qu'il a onze ans. Onze ans, douze ans, quelle importance ? Il s'ennuie un peu avec les gamins de sa classe, mais ça lui laisse le temps de comprendre comment les choses se passent entre garçons avant le collège. De toute façon, il n'est pas plus grand de taille que les autres. Les chiffres, ça va à peu près, mais la grammaire et les dictées, c'est autre chose ! Il était plutôt bon élève en espagnol, mais ici... Il n'y arrivera jamais. Nous sommes allés, vous êtes allez, allés ou hâlés ? Hâlés, c'est comme bronzés... Chez lui, en Colombie, quand on reste au soleil, la peau sent le chaud. Ici, la peau est triste et molle comme un beignet pas assez cuit. Pablo ferme son cahier. Si la maîtresse l'interroge demain, il lui répondra :

– Je n'ai pas volé. *Fui a caminar,* je suis allé marcher, madame le professeur.

Il enfile son blouson et ouvre la porte d'entrée.

– Pablo, tu sors ?

Dans l'encadrement de la porte de sa chambre, Marisol dénoue sa tresse.

– Je reviens. Ne dis rien à maman, Marisol, je serai rentré avant elle.

– Aïe, aïe Pablo... Un jour, tu te feras attraper ! Et appelle-moi Marie, combien de fois il faudra que je te le dise ?

Pablo sort. La porte claque derrière lui. Sa sœur hausse les épaules et brosse ses longs cheveux noirs en chantonnant un air à la mode.

2

MENTEUR VOLEUR

À Santa Maria del Cauca, les rues sentent la mangue, l'ananas et les orangers. Pablo ferme les yeux. Les mains dans les poches, il oublie la pluie de ce début d'automne. Il entend sa mère chanter. Tout à l'heure, il mangera des galettes de maïs, il a déjà dans la bouche le goût de ces *arepas de choclo* et du beurre frais.

– Pablo ! *Pablito*, va chercher une brique de sucre chez *doña*[1] Constanza. Je la paierai demain. Va vite !

– *Mamá*... Elle va encore vouloir me donner des baisers et sa moustache pique !

– Tu es son client préféré... et elle te donne aussi des bonbons. Allez, va, terrible séducteur de mon cœur.

Sa mère le chasse d'une tape sur les fesses. Elle rit très haut, très fort. Pablo déteste les baisers de la vieille *doña* Constanza, mais il aime bien courir dans les rues de son village. Il croise ses copains, Esteban et les autres. Il salue tout le monde et tout le monde le connaît.

1. « Madame ».

Assis sur une caisse près d'un portillon rouge et blanc, un vieil homme lève le nez de son journal. Il hoche la tête :

– Attention à toi, Pablo Hernandez, tu vas t'envoler à courir si vite.

– *Qué tal don* Jojoa[1] ? Ne vous inquiétez pas, j'ai laissé les empreintes de mes pieds à la police quand je suis né.

– Alors, ils te retrouveront, c'est sûr. Mais pour ce qui est de te retenir…

Un bus klaxonne, Pablo trébuche. Il ouvre les yeux, la ville est grise. S'il marche assez longtemps, il l'oubliera. Il ne verra plus les gens trop pressés, les voitures qui font tousser Rose, sa petite sœur, ni les arbres rabougris. La Courneuve ne sera jamais Santa Maria del Cauca. Pablo shoote dans une canette vide qui rebondit sur le trottoir. Et pourquoi ce serait lui, justement, qui volerait les cartes ? S'il suit la nationale assez longtemps, il rattrapera les avions qui survolent l'aéroport. Il n'a pas raconté à sa mère ce voisin qui est venu fouiller dans leurs poubelles. Il prenait les gens de la rue à témoin :

– Regardez-moi ça ! Des rats… Ça fait venir les rats… Ils sont bien trente par étage, faut pas s'étonner. Et cette odeur… C'est pas de la cuisine au beurre, je vous le dis.

1. « Comment ça va, monsieur Jojoa ? »

Pablo s'est fait tout petit pour traverser sans être vu et il est rentré bien plus tard, quand la rue était vide. La poubelle renversée vomissait ses ordures, Pablo avait envie de taper, il avait envie de pleurer. Mais il a ravalé sa colère. Il n'a rien dit à sa mère, et à son père encore moins. Ses parents se seraient inquiétés. Il ne faut pas faire d'histoire, ils n'ont pas de papiers. Depuis qu'ils vivent en France, ils se sont mis au français. Leur mère l'avait étudié à l'école chez les religieuses françaises, elle le leur avait un peu enseigné en Colombie. Pablo et Marisol se débrouillaient bien, leur père avait plus de mal. Depuis qu'ils vivent ici, ils ont appris le français, et ils ont surtout appris à ne pas faire de bruit. Les cris des enfants et les chants des femmes, ici, ça dérange. Pablo accélère. L'odeur des *arepas* a disparu. Un jour, il marchera si vite, si loin, qu'il rattrapera cet avion qui s'envole et traverse l'océan. Un jour, il y arrivera.

– *Virgen santisima*[1] ! Tu es trempé ! Mais d'où tu viens encore ?

Sa mère empoigne un torchon sur l'évier et lui frotte les cheveux.

– Arrête ! *Mamá*[2], tu me fais mal…

Dans un couffin posé à terre, Rose se met à pleurer. L'*abuela* Susana se lève lentement de son

1. « Vierge très sainte ! »
2. « Maman ».

canapé et va bercer le bébé. De la chambre, Marisol rit et crie :

– Fais attention, Pablo, tu vas te retrouver frisé comme un chou !

Sa mère frotte encore plus fort :

– Qu'est-ce que tu vas m'inventer cette fois ? Tu t'es perdu sur le chemin de l'école ? Un éléphant te barrait la route ? C'est ça ?

– *Mamá, no*... C'est *doña* Zoïla, la voisine. Elle avait besoin de téléphoner, je l'ai accompagnée au café, tu comprends, elle n'osait pas y aller toute seule, et là, le café, il était fermé, alors...

Sa mère pose le torchon et soupire :

– Pablo, ne gaspille pas ta salive.

Pablo baisse la tête et se fait tout petit.

– *Si, mamá* ?

– J'étais dans le métro avec *doña* Zoïla, on est arrivées ensemble. Tu n'as pas de chance.

Pablo renifle et regarde sa mère en mettant dans ses yeux toute la tendresse qu'il peut.

Sa mère ne peut s'empêcher de sourire. *Abuelita* marmonne en espagnol qu'un enfant qui a d'aussi beaux yeux, on ne peut pas le gronder, surtout pour un aussi petit mensonge de rien du tout. Une grand-mère, on peut toujours compter dessus quand ça va mal. La mère de Pablo cède :

– Bon, ça va pour cette fois. Mais pour l'amour de Dieu, arrête de raconter n'importe quoi, et rentre vite après l'école pour faire tes devoirs. Allez, débarrasse cette table et laisse-moi préparer le dîner maintenant.

Pablo ne se le fait pas dire deux fois. Il fait claquer un baiser sur la joue de sa mère, jette ses livres et ses cahiers dans son sac à dos et se précipite dans la chambre.

La famille Hernandez est bien logée, il y a trois pièces dans l'appartement : la grande salle à manger, avec un évier et une gazinière, et deux chambres, une pour les parents et Rose, et l'autre pour Pablo et Marisol. L'*abuela* Susana, elle, dort sur le canapé qu'on déplie quand on a fini de dîner. Au début, Pablo et sa sœur dormaient tous les deux sur un grand matelas posé sur le sol. Mais *doña* Zoïla a récupéré des lits superposés, ses patrons n'en voulaient plus. Les voisins les ont aidés à aller les chercher. Quelques planches chacun, un matelas sur le dos de son père et l'autre sur celui d'un collègue de chantier, ils s'étaient fait incendier dans le métro. C'est vrai qu'ils bouchaient un peu le passage, comme une longue colonne de fourmis géantes qui se serait perdue dans les couloirs souterrains. Maintenant, c'est le grand luxe : Marisol a son royaume en haut, et lui, Pablo, il occupe tout seul le lit du bas. Avec un vieux châle à franges d'*abuelita*, il s'est fait une vraie cabane qu'il peut fermer quand il veut.

À plat ventre sur son lit, Marisol feuillette une revue en mâchant un chewing-gum. Ses mollets maigres se balancent au-dessus de ses fesses, pas très loin du plafond. Sans lever les yeux de son magazine, elle annonce :

– Tu es encore allé trop loin… Un jour, ça finira mal !

Pablo jette son blouson mouillé sur son lit.

– Et pourquoi ça ? Je ne fais rien de mauvais, je marche. Je me promène, c'est tout.

– Tu traînes. Ici, on ne se promène pas, on traîne. Et il ne faut pas traîner.

– Marisol ?

– Mmm…

– À l'école, ils croient tous que je vole des cartes.

Marisol lève la tête, elle se penche et regarde son frère. Assis sur le lit, il gratte d'un ongle une trace de boue sur sa chaussure.

– On te traite de voleur ? *Madre de Dios*, ça va nous faire des ennuis ! Si papa sait ça…

– Ne lui dis rien, s'il te plaît, Marisol… Marie, ne dis rien ! Je vais tout arranger.

Pablo s'est levé. Il a attrapé les mains de sa sœur dans les siennes.

– Bien sûr que je ne dirai rien. C'est trop grave. Dis-moi… tu les as volées, ces cartes ?

– Quoi ? Si je les ai volées ? Tu es folle ou quoi ? Je sais bien qu'il ne faut pas nous faire remarquer. Et d'abord, qu'est-ce que tu veux que j'en fasse ?

Marisol aide son frère à monter près d'elle. Il s'assoit au bord du lit, plié en deux pour ne pas se cogner au plafond.

Marisol le regarde :

– Non, *hermanito*[1], bien sûr que non, tu ne les as pas volées. Mais ici, il y a tellement de choses, partout. La ville est si grande… On peut être tenté. Tu te rappelles, quand on allait à Palmira ? On avait envie de tout ce qu'on voyait. Viens, allonge-toi près de moi. Ne fais pas cette tête ! On prenait la *chiva*[2] pour y aller. Tu t'en souviens ? C'était une vraie fête…

1. « Petit frère ».
2. « Le car ».

3

MARCHER ENCORE

– La *chiva* roulait toujours trop vite. On avalait de la poussière par la bouche et par le nez, mais on était content : on allait à la ville ! La route descendait en zigzaguant entre les plantations et les forêts. Quand on regardait au loin, on voyait les *guaduales*[1] et leurs grands plumeaux verts, si beaux, si clairs dans les arbres sombres. Il nous fallait presque un jour entier pour arriver, c'était un jour de fête. De la *salsa*, du *bambuco*[2] et du *pasillo*[3]… les musiques de toutes les radios se mélangeaient et nous remplissaient les oreilles. On était ballottés les uns contre les autres, les sièges en bois martelaient nos fesses et on riait. Les paquets débordaient toujours sur les côtés ouverts. Tu te rappelles, Pablo, la fois où un vieux paysan a perdu ses deux poules comme ça ? Tout le monde est descendu de la *chiva*. On a coursé les poules dans les *piñas*[4] au bord de la route, et c'est toi qui les as rattrapées,

1. Massifs de « guaduas », sorte de bambous.
2. Danse de la Cordillère des Andes.
3. Sorte de valse rapide.
4. « Ananas ».

toutes les deux. Tu t'es piqué les mains et les joues aux feuilles des ananas ; tu saignais, mais tu les avais eues. Maman pestait. Elle t'essuyait les griffures avec un bout de son foulard en disant qu'elle n'avait rien pour te désinfecter, que tu allais attraper des tas de maladies, et qu'une infirmière devrait toujours avoir son matériel sur elle. Après ça, tout le car savait qu'elle était infirmière, et plusieurs femmes ont commencé à lui demander des conseils, puis des hommes aussi. Maman croulait sous les histoires de rhumes à répétition, d'enfants trop maigres ou trop voraces, de toux et même de diarrhées. Elle trouvait un mot pour chacun et essayait de répondre. Elle leur disait qu'elle n'avait rien pour les soigner, mais tous voulaient quand même qu'elle analyse leurs bobos. Elle transpirait, elle appelait la Sainte Vierge à son secours, mais les gens continuaient à lui raconter : le porc frit qu'ils ne digéraient plus, les genoux qui coinçaient, et le dos, et la tête, tout y passait. Jusqu'au paysan qui a insisté pour qu'elle regarde ses poules et vérifie si c'était de bonnes pondeuses. Qu'est-ce qu'on a ri, ce jour-là…

Pablo sourit. Il aime ces moments où Marisol oublie d'être une fille à la mode pour redevenir sa grande sœur comme avant. Elle caresse les cheveux encore humides de son frère. Il fait semblant de dormir.

Depuis qu'ils sont en France, Marisol a changé. Elle n'a plus le temps de discuter avec lui, elle veut qu'on l'appelle Marie. Elle écoute des chansons en anglais à la radio, elle lit des magazines débiles que lui prêtent ses copines de lycée et ne parle que d'habits, de maquillage et de chanteurs. Elle ne rêve plus de devenir professeur. Maintenant, elle veut aller travailler à côté, à l'usine de vêtements. Elle dit que, comme ça, elle pourra porter tout ce qu'elle aime. Mais Pablo sait bien qu'elle veut travailler pour aider les parents. Leur mère fait des ménages, elle ne peut pas être infirmière sans papiers. Leur père n'élève plus d'abeilles, les insectes sont hors la loi dans les grandes villes. Il est maçon, parfois carreleur, comme il peut. Mais souvent il ne fait rien ou il aide les voisins. Sans papiers, c'est difficile de trouver du travail. Sans papiers, tout est compliqué. Comme les conjugaisons et les verbes qui s'emmêlent et se tressent dans sa mémoire. Ou comme ce Dorian qui mesure une tête de plus lui : il commande toute une bande d'enfants à la récré sous prétexte qu'il a un grand frère au collège qui lui donne toutes les astuces pour gagner avec les cartes. Tout grand qu'il soit, ce Dorian, Pablo saurait bien le faire taire s'il était encore à Santa Maria, avec Esteban et les copains. Il lui ferait ravaler ses insultes et ses accusations à coups de poing dans le nez. Mais ici, son père le lui répète assez : il ne faut pas se faire remarquer.

– Pablo ? Pablo, tu dors ? *Hermano mio*[1], tu es ce que j'aime le plus au monde.

1. « Mon frère ».

Un bruit de voix dans la grande pièce lui fait lever la tête. Il regarde sa sœur qui le pousse en riant :

– Tu faisais semblant, hein ? Espèce de singe écureuil sans cœur ni cervelle !

Pablo roule du lit du haut jusqu'au sol. Il se rétablit sur ses pieds en souriant de toutes ses dents.

– Je vais voir ce qui se passe, *hermana mia*[1].

La pièce est pleine de l'odeur de poulet, de tomates, de *frijoles*[2] et d'oignons épicés. Des bouts de viande tressautent dans une sauce rouge. À côté, une casserole de riz glougloute. Pablo se rend compte tout à coup qu'il a très faim.

– Ah, Pablo ! dit sa mère, tes amis sont passés. Je les ai renvoyés chez eux. Ce n'est pas une heure pour jouer. Mais ils avaient l'air pressé de te voir. Surtout le petit Manuel. Il avait sa tête de bêtise.

– *Mamá*... c'était peut-être important.

– Ce qui est important, maintenant, c'est de dîner. Tiens, ton père arrive. Allez, mets le couvert. Marisol ! Viens aider ton frère...

Marisol ne répond pas, elle chante. *Abuelita* se lève. Elle prend le manteau que quitte son fils, un vieux manteau un peu râpé et sans couleur qu'ils ont trouvé pour pas cher sur le marché. Luis embrasse sa femme sans rien dire. Ses sourcils sont froncés, son visage est gris de fatigue.

1. « Ma sœur ».
2. « Haricots rouges ».

– Marisol, arrête de chantonner tout le temps, j'ai mal à la tête.

– *Si señor.*

Marisol se tait. Elle entre dans la pièce et essaie d'embrasser la joue de son père. Il recule un peu.

– Laisse-moi, je ne me suis pas lavé. J'ai sué *todo el día*[1], je dois puer comme un cochon sauvage.

Avec un journal plié en deux, l'*abuela* Susana donne des tapes sur la tête de son fils et lui crie dessus en riant. Elle le traite de vieux porc, et que – Dieu lui pardonne – elle a honte d'être la mère d'un tel animal qui empeste le bouc et ose rentrer chez lui dans cet état. Pablo et Marisol rient, leur mère aussi, et Rose tend ses bras en l'air vers son père.

– Attends *mi reina*[2], je me débarbouille et je te donne un baiser.

Marisol lève un sourcil de jalousie mais ne dit rien. Son frère plaisante :

– Si tu es sage, tu auras un baiser aussi…

– Oh, toi ! dit Marisol en coursant son frère dans l'appartement.

– Les enfants ! Assez… *Madre de Dios*, quelle famille ! se lamente leur mère.

Elle attache Rose sur une chaise rembourrée de gros coussins multicolores à côté de la grand-mère. *Abuelita* sourit, ses yeux bleuis de vieillesse se plissent :

1. « Toute la journée ».
2. « Ma reine, ma chérie ».

– Une bien belle famille, pour ça oui. Grâce en soit rendue à la Sainte Vierge, qu'elle nous protège, marmonne-t-elle en espagnol en tranchant le pain.

À la fin du repas, Pablo demande la permission d'aller voir Manuel. Mais ses parents sont intraitables : il fait nuit, demain il y a école et tout ça peut attendre. Mais justement Pablo trouve que ça ne peut pas attendre. Manuel a dû apprendre quelque chose sur le vol des cartes. Il a peut-être entendu la bande de Dorian monter un plan pour l'accuser, lui, Pablo, devant les professeurs ? Il se tourne, se retourne dans son lit. Marisol râle :

– Pablo… Tu m'empêches de dormir. Demain, j'ai contrôle de maths, il faut que je me repose.

Demain, Pablo sera peut-être jeté en prison pour une faute qu'il n'a pas commise. Et s'il va en prison, sa famille sera expulsée, ils devront quitter la France. Est-ce qu'en France on met les enfants en prison pour un vol de cartes ? Est-ce qu'on les bat ? À qui demander tout ça ? Sa mère ne sait rien des lois françaises, et son père lui demanderait pourquoi il pose toutes ses questions. *Abuelita* peut-être ? Mais elle ne parle même pas français, alors comment saurait-elle ? Sa maîtresse pourrait l'aider, mais s'il lui parle de vol et de prison, c'est comme s'il avouait. Elle ne voudra jamais croire qu'il cherche à savoir tout ça juste parce qu'il a peur d'être accusé à tort. S'il pouvait quitter son lit et sortir marcher, il réfléchirait mieux.

Une fois, en Colombie, ils avaient marché, la nuit, son père, sa mère, Marisol et lui. La lune était haute dans le ciel, l'air était un peu froid. Ils fuyaient. Pablo entendait la respiration de sa mère. Elle avait du mal à avancer avec son gros ventre : elle était enceinte, le bébé devait naître bientôt. Pourtant, ils étaient partis, comme ça, dans la nuit. Pablo n'avait pas compris pourquoi ils avaient quitté le village sans rien dire à personne.

Bien sûr, il connaissait les hommes aux bottes jaunes et leur violence, la peur des paysans et le silence qui prenait tout le monde, parfois, sans qu'il sache pourquoi. Mais ce jour-là, il ne s'était rien passé. Pas de crime, pas de rançon demandée aux villageois, ni de descente d'hommes en armes dans les maisons. Il savait seulement que le *tío*[1] Ramon n'était pas rentré des champs de caféiers, et que ça ne lui ressemblait pas.

Ils avaient dormi sur le sol humide, perdus au milieu d'une forêt de grands arbres sombres, sans manger. Sa mère avait juste pris de quoi boire. Les oiseaux de nuit faisaient un bruit terrible, Pablo n'avait pas dormi non plus, cette nuit-là. Le lendemain, ils avaient regagné le village et tout aurait pu être comme avant. Mais le frère de son père n'est pas rentré : le *tío* Ramon avait disparu. Après ça, l'inquiétude n'avait jamais lâché ses parents, jamais. Ils avaient commencé à parler bas entre eux. Et un jour, ils avaient quitté leur pays.

1. « Oncle ».

4

UNE TERRIBLE MISSION

– Manuel ! Manuel, attends-moi…

D'un coup d'épaule, Pablo met son sac en place sur son dos puis dévale l'escalier. Manuel l'attend en bas. Pablo enlève son bonnet en laine, il le cache dans sa poche dès qu'il a passé la porte de l'immeuble, il est trop coloré. Pour être tranquille ici, il ne faut pas se faire remarquer. Manuel, Pablo et les autres mettent des vêtements le plus gris possible. Les couleurs restent à la maison, dans les jupes d'*abuelita* et sur les tricots des bébés qui ne sortent pas.

– Manuel, qu'est-ce que tu voulais me dire ?

– *Qué tal*, Pablo ? Tu ne vas pas te fâcher, dis… prononce Manuel en se grattant une oreille.

– C'est Dorian, c'est ça ? Qu'est-ce qu'il a dit ? demande Pablo.

– Dorian ? Non. C'est Leydi, déclare Manuel.

– Leydi ? Qu'est-ce que j'ai à voir avec ta petite sœur ?

Manuel presse le pas et regarde le bout de ses chaussures. Pablo est presque obligé de courir pour rester à sa hauteur.

– Toi, tu as fait une ânerie ?

– *Qué tontería*[1] ? s'exclame Manuel. On jouait, c'est tout. Pour rire, on a décoré le grillage de la Goule. On y a accroché des saletés qui traînaient sur le trottoir, des papiers, des bouts de ficelle. Tu comprends, d'habitude, elle ne sort jamais de son jardin, alors on avait le temps de la voir venir. Et puis, je ne sais plus qui a eu l'idée d'emprunter sa poupée à Leydi…

– L'horrible poupée chauve qu'elle traîne partout ? l'interrompt Pablo.

– Oui, sa Shirley. On l'a pendue au grillage par un pied, ça faisait joli. Mais la vieille est arrivée par la rue, derrière nous. Elle a éclaté de rire, elle a arraché la poupée et elle nous a dit : « Merci pour le cadeau ! » Qu'est-ce que tu voulais qu'on fasse ? Leydi a pleuré toute la nuit. Maman croit qu'elle est malade, mais elle veut sa Shirley.

– Et qu'est-ce que j'ai à voir là-dedans ? demande Pablo.

Plus qu'une rue à traverser et ils seront arrivés à l'école. Des groupes d'enfants remplissent les trottoirs. Il fait complètement jour maintenant. Le gris du ciel devient jaune. Le soleil aura du mal à percer les nuages aujourd'hui.

– Ben, tu es le plus vieux, sauf Joachim bien sûr, mais lui, il se moque tout le temps de nous. Il faut que tu y ailles, Pablo. Leydi est vraiment malheureuse… ajoute Manuel.

1. « Quelle bêtise ? »

– Que j'aille… chez la Goule ? Chercher la poupée ? la voix de Pablo s'étrangle.

Il s'imagine déjà allant taper chez la vieille femme et lui demandant poliment : « Excusez-moi madame, ma petite voisine a besoin de sa poupée, merci pour tout et excusez le dérangement. »

– Non mais tu es malade ou quoi ? Elle va me bouffer tout cru ! s'exclame Pablo.

– Mais non… Et puis tu sais parler aux grandes personnes, toi. Tu inventes toujours de bonnes raisons, plaide Manuel.

La sonnerie les interrompt. Pablo et Manuel regagnent chacun leur classe. L'idée d'aller parler à la vieille folle, les menaces d'accusation de Dorian : décidément, ce n'est pas une bonne matinée pour Pablo.

C'est la dernière récréation. Pablo est assis sous l'auvent, il tresse les fils de son ourlet dans sa poche. La journée s'est passée sans autre catastrophe, sauf peut-être l'interrogation surprise en conjugaison. Pablo a laissé beaucoup de lignes blanches, il n'aura pas une bonne note, il a l'habitude.

La maîtresse a proposé que chaque élève apporte quelque chose de chez lui le dernier jour avant les vacances de Toussaint. Un objet, une recette, ce qu'on veut. Ça met Pablo en colère, il n'a pas envie de mélanger l'école et la maison. Il a encore deux semaines pour y penser, il va en parler à Marisol. Il pourra toujours venir sans rien et dire qu'il a oublié… Les fils tressés cassent autour de son index.

Ce qu'il n'a pas oublié, c'est cette histoire de Goule et de Manuel qui compte sur lui. Son ventre se noue à l'idée de parler à la vieille femme. Une fois, dans un champ d'agaves près de Santa Maria, il a vu le corps d'une vieille, une femme maigre, comme elle. Un vent chaud soufflait sur des draps blancs qui séchaient sur les feuilles des agaves. La femme était couchée là, sous une plante, le visage dans la terre. Une large tache rouge mouillait son dos. Au-dessus d'elle, comme un doigt pointé, l'agave lançait sa grande tige de fleurs vers le ciel, ses fleurs qui n'apparaissent au cœur de la plante que quand elle est prête à mourir. Pablo frissonne en pensant à cette image. Passer le grillage, traverser le jardin, avancer encore, frapper à la porte… Il n'est jamais allé jusqu'à la maison abandonnée où vit la vieille. Une seule fois, par bravade, il a escaladé la clôture et couru jusqu'au cerisier pour prendre une poignée de fruits avant de repartir à toutes jambes. Pas plus. Mais là, il faudra qu'il aille jusqu'au bout.

Une élève du cours élémentaire s'est assise près de lui. Il la connaît, elle va aussi au centre de loisirs le mercredi. Elle le regarde depuis un moment sans rien dire. Ah, les filles… Pourquoi Manuel a-t-il emmené sa sœur et sa poupée aussi ? Et pourquoi l'a-t-il choisi, lui ? Il aurait pu le demander à Stephan, ou à Enrique qui aime tant aller dans ce jardin maudit, mais non, il a fallu que ça tombe sur lui…

– Tu t'appelles Pablo, c'est ça ? demande la fillette.

– Quoi ? Oui, Pablo Hernandez. Pourquoi ? répond Pablo.

– Moi, je m'appelle Nina Knapick. Je suis en CE2. C'est déjà grand, le CE2. Pourquoi tu es toujours triste ?

Le regard dans le vide, Pablo fait tourner le lien autour de son doigt sans répondre. D'abord, il n'est pas triste : il réfléchit.

– Si tu me donnes ta bague, je te dis un secret, dit Nina.

Pablo sourit. Une bague comme ça, ça ne vaut pas bien cher. Il tend la tresse à Nina. Elle approche ses doigts pour l'attraper mais Pablo referme sa main sur les fils.

– Ton secret en premier.

– D'accord : à la vie, à la mort. Voilà : je vis dans un palais.

– Tu vis dans un palais ? C'est ça, ton secret ?

Nina lance des regards autour d'elle :

– Chut... Ne le dis à personne. Tout le monde croit que j'habite aux Quatre-Routes, mais ce n'est pas vrai : tous les soirs, mon papa m'emmène chez lui, dans son château, un château plus beau que ceux dans les films à la télé. Mais il ne faut le dire à personne, tu jures ! Et ma bague ? demande Nina.

Pablo rit et lui passe l'anneau de fils autour du doigt.

– Juré, je ne dirai rien. L'anneau est à vous, majesté Nina…

Il se lève, se frotte les fesses pour en enlever la poussière et lui fait un signe :

– Salut !

Pablo se dit que cette fille est dingue et qu'il l'évitera désormais. Pendant qu'il s'éloigne, Nina murmure pour elle toute seule en regardant son doigt bagué :

– À une prochaine fois, prince Pablo Hernandez de La Courneuve…

5

CHEZ LA GOULE

Ça y est, il bruine. Il ne manquait plus que ça. Pablo a de l'eau dans les yeux et le grillage mouillé glisse sous ses pieds. Il a préféré venir tout de suite. Il a jeté son sac à dos derrière la porte, crié « *Buenas tardes*[1] ! » à sa grand-mère, et est redescendu en courant. Il fallait y aller vite : le courage, ça ne se garde pas longtemps. Sauf chez Spiderman et tous ces héros en *man* qui n'ont que ça à faire dans la vie, être courageux. Lui, Pablo, il a des tas d'autres projets en tête : marcher dans les rues, rêver à son pays, imaginer tout ce qu'il sera quand il sera adulte, lire des livres sur les animaux, parler avec Marisol, écouter *abuelita* raconter des histoires... Des tas de choses. Alors être un héros, ce n'est pas ce qui l'enchante le plus. Surtout en ce moment, juste là, accroché à ce grillage humide et des gouttes de pluie plein les cils. Il enjambe le haut de la clôture, se retient à une branche de figuier et saute.

Bon, le voilà dans la cage aux fauves. Il tremble de partout mais il est vivant. Pablo s'arrête pour calmer

1. « Bonsoir ! »

sa respiration. En Colombie, les montagnes sont si hautes que l'oxygène manque parfois aux promeneurs. Pour ne pas perdre son souffle, Pablo a appris à respirer : du bas de son ventre au haut de ses poumons, doucement, en comptant et en sentant bien l'air au-dedans de lui comme une colonne qui le traverse. Ça ne le transforme pas en demi-dieu ailé, mais ça l'aide à y voir plus clair et à moins trembler.

– Vous voilà enfin ?

Le rire de la vieille fait sursauter Pablo. Plus de respiration qui tienne, son cœur bat plus fort que les tambours du carnaval.

– Je savais bien que vous finiriez par arriver. Vous ne seriez pas venu pour ça, par hasard ?

La vieille femme secoue la poupée au crâne rasé du bout de son long bras. Elle éclate de rire. Pablo tend la main vers la poupée, la femme la colle sur sa poitrine.

– Quel manque d'éducation, mon jeune ami ! On n'arrache pas une dame comme ça… Avant de l'emmener, il faut la séduire, l'inviter à danser, la faire rire… Commençons par un cocktail, voulez-vous ?

Elle attrape Pablo par le cou et l'entraîne tout au fond du jardin, vers la vieille maison. Pablo sent les doigts décharnés de la vieille femme enserrer sa nuque. Le crachin mouille son visage, et un animal poilu glisse entre ses jambes, certainement un chat – pourvu que ce ne soit pas un rat !

Pablo n'arrive même pas à crier, il suit la Goule comme le ferait un zombi. La poupée en avant, elle chante une chanson trop gaie du siècle dernier en s'ouvrant un chemin entre les hautes herbes. Derrière eux, les branchages se referment ; la nuit commence à tomber.

– Alors vous voyez, très cher, la vie n'est pas toujours ce qu'elle paraît... Vous prendrez bien un autre verre ?

La vieille femme verse l'eau d'une carafe cabossée sur deux sucres au fond du verre de Pablo. Elle agite la boisson trouble avec une tige de métal, comme si elle était au bar d'un grand palace. Pablo ne sait pas depuis combien de temps elle cause comme ça en faisant mine de boire ses cocktails d'eau au sucre. La pluie a forci, elle tambourine sur le toit de tôle. Près de la porte, deux chats efflanqués lapent un fond de lait dans un couvercle renversé par terre. Un gros chat roux les surveille. La vieille femme parle sans attendre de réponse. Elle fait défiler ses souvenirs, ses rêves, ses voyages. Des fiancés si riches, des photographes, des vedettes, ses ballets et la danse, sa vie... Un vrai film de cinéma sans les images ! Pablo est fatigué, sa mère doit être folle d'inquiétude ; elle le tuera, c'est sûr, quand il rentrera. Il se lève et pose son verre en disant très vite :

– Il faut que je rentre, ma mèr...

– Mon jeune ami !

La Goule a hurlé, Pablo se rassoit.

– Bien, bien...

La main crispée sur la poupée, la vieille femme regarde Pablo comme si elle le voyait pour la première fois. Ses yeux oscillent entre vert et violet, ils se posent sur lui, sur le jouet, puis s'évadent au loin. Un lac de larmes se forme au bord des paupières si fines qu'on pourrait croire qu'elles vont s'envoler. À voix basse, Pablo s'inquiète :

– *Senõra*[1] ? Madame... Vous allez bien ?

– Madame ? Cela fait bien longtemps qu'on ne m'a pas appelée « Madame »... Qui es-tu, petit ?

– Pablo Hernandez, j'habite dans la rue, derrière la porte cochère.

La Goule sourit. Elle tapote le poignet de Pablo et pose la poupée sur la table.

– Tu devrais rentrer chez toi, il fait sombre.

– Madame... Je peux la prendre ? demande Pablo en montrant la poupée.

– Oh, ça ? Oui, oui, bien sûr. Encore un cadeau de ces galopins, de vraies mouches ceux-là ! Ils bourdonnent sans arrêt à mes oreilles, c'est affreux, parfois, tu vois.

Pablo se lève, il se retourne pour saluer la vieille femme. Elle n'a plus rien d'une goule : penchée sur la table, son visage perdu dans ses cheveux défaits, elle a l'air d'avoir cent ans, mille ans peut-être. Elle n'a plus d'âge. Pablo lui fait un signe de la main. Elle relève la tête.

– Petit ? Reviens me voir si tu peux. Mais si je crie, ou si je... Enfin... oublie ça, ce n'est rien. Non, il vaut mieux que tu restes chez toi. Va-t'en.

1. « Madame ».

Pablo respire jusqu'au plus profond de son ventre. Il passe de l'autre côté de la table, s'approche de la femme, replace une mèche de cheveux derrière son oreille et chuchote :

– Je reviendrai.

Il enjambe les chats et sort en courant sous la pluie battante.

6

LA BAGARRE

Cela fait déjà plusieurs jours que Pablo a récupéré la poupée de Leydi chez la vieille femme. Il s'est drôlement fait attraper par sa mère quand il est rentré trop tard, encore une fois, mais il est devenu le héros de l'immeuble. Maintenant, dès qu'il y a un problème à régler, les enfants viennent lui demander son avis. Tout ça n'amuse pas Pablo, son problème à lui reste entier : à l'école, il sent toujours les soupçons peser sur lui. Jeudi dernier encore, Baptiste a perdu son paquet de cartes, un très gros paquet, entouré d'un élastique rouge. Quand Baptiste s'est plaint à la maîtresse après la cantine, tous les yeux de la classe se sont tournés vers lui, Pablo. Au fond de la salle, Idriss a levé le doigt, certainement pour le dénoncer, puis il n'a plus voulu parler. Mme Gauthié a vite repris la leçon de géométrie, mais Pablo sent ces regards, toujours posés dans son dos comme une menace.

À la récréation, Pablo s'assoit sous l'escalier du gymnase, il révise sa poésie dans sa tête.

Avez-vous vu le dromadaire / Dont les pieds ne touchent pas terre ?

Avez-vous vu le léopard / Qui aime loger dans les gares[1] *?*

Mais Dorian vient le narguer.

– Alors, le Colombien, encore des cartes qui ont disparu dans ta classe ? C'est bizarre, tu ne trouves pas ? On le dit bien : Colombien, vaurien…

Cette fois, Pablo ne peut pas contenir sa rage.

– *Sí, yo soy colombiano*[2]. Colombien, pas vaurien !

Il se lève d'un bond, son poing part avant qu'il ait le temps de réfléchir.

Avez-vous vu le vieux lion / Qui joue si bien du violon[1] *?*

Dorian se baisse, lance son poing dans le ventre de Pablo. Le coup fait mal.

Avez-vous vu le kangourou […][1] *?*

Tête baissée, Pablo fonce de toute sa force dans la poitrine de Dorian. La respiration coupée, le garçon tombe à terre.

[…] *le perroquet* […][1] *?*

Pablo se jette sur lui, avec les mains, avec les pieds, il chasse sa hargne hors de lui. Dorian cache sa tête sous ses bras. Pablo a le souffle court, la sueur coule sur ses tempes, mais rien ne l'arrête.

Mais moi, m'avez-vous bien vu, moi / Que personne jamais ne croit[1] *?*

1. Maurice Carême : extraits du poème, « Avez-vous vu ? » in *À cloche-pied*, © Fondation Maurice Carême.

2. « Oui, je suis colombien. »

Le surveillant siffle à s'en rompre les veines du cou. À coups de poing, Pablo s'acharne sur Dorian. Enrique, Stephan et Manuel lui crient d'arrêter, il continue. Une troupe s'amasse autour des deux garçons. Enfin, Pablo est arraché à sa proie, il tremble de tout son corps. Dorian se relève, un peu sonné. Une enseignante l'emmène dans la salle des maîtres pour soigner son genou qui saigne. Il se retourne et fixe Pablo ; Pablo soutient son regard. Mme Gauthié vient chercher son élève :

– Mais qu'est-ce qui t'arrive Pablo ? Ça ne va pas, de te battre, comme ça…

Pablo n'entend pas tout ce qu'elle dit. Au fond de lui, il sourit. Esteban et ses copains de Santa Maria seraient fiers de lui. Mais son père ? Et sa mère… S'il leur crée des ennuis, Pablo ne se le pardonnera jamais.

– Qu'est-ce qui va m'arriver maintenant ? On va aller à la police ?

Mme Gauthié se retourne, elle regarde Pablo :

– La police ? Heureusement, non. La police n'a rien à faire dans les écoles.

Et comme Pablo ne répond pas, la maîtresse pose sa main sur son épaule.

– Chez toi, elle venait, parfois ?

Après un silence, Pablo murmure :

– Je vais être renvoyé de l'école alors ?

– Mais non, Pablo… Le directeur va te gronder, t'expliquer qu'on ne se bat pas. Comme c'est la première fois que ça t'arrive, il n'en parlera peut-être pas à tes parents. Tu as peur pour eux, c'est ça ?

Pablo baisse les yeux. Ses chaussures sont pleines de poussière, *abuelita* ne sera pas contente.

– Tu ne veux pas me parler ? Je peux comprendre, tu sais. Mais je dois t'emmener chez M. le Directeur.

Non, Pablo n'a pas envie de parler à Mme Gauthié. Il sait à qui il veut parler de Dorian, de la bagarre, de cette rage qui l'a pris et qu'il n'a pas su retenir. Oui, il est Colombien et oui, il vit en France. Et alors ? Pablo connaît la seule personne capable de comprendre, mais il ne peut en parler à personne. Ça étonnerait bien les copains de l'immeuble, Manuel et les autres, s'ils savaient. Mais ils ne doivent pas savoir.

Le directeur l'a sermonné : la prochaine fois, il convoquera ses parents. Manuel et Enrique lui ont fait la morale aussi ; cette fille, Nina, est venue voir s'il avait mal quelque part, et Dorian n'a rien du tout, il sera à l'école demain.

Pablo sent des fourmis dans ses mains, dans ses jambes. Il étouffe. Alors il marche. Ce que ne savent pas les autres, c'est qu'il est retourné voir la vieille. Il y va presque tous les jours maintenant, c'est son secret.

La première fois qu'il y est revenu, Pablo a escaladé le grillage et s'est râpé les genoux sur le figuier. Alors la femme lui a montré un portillon caché, de l'autre côté du jardin. Pour y aller, Pablo fait le tour du pâté de maisons, personne ne le voit. Certains jours, la Goule remue ses grands bras de loin quand elle l'aperçoit, Pablo sait alors qu'il doit repartir. Mais quand elle a envie de le voir, la vieille femme sourit de tout son visage et lui fait de petits signes pour ne pas l'effrayer. Elle est comme ça, c'est tout. Elle lui chante des airs du siècle dernier, elle lui donne à boire des cocktails imaginaires et, surtout, ils parlent.

Cette femme ne le traite pas comme un enfant ; avec elle, Pablo se sent plus grand. Ils se racontent chacun leur vie d'avant, celle de la femme dans des châteaux, celle de Pablo dans les forêts et les champs de Colombie. Pablo parle aussi de l'école, des cartes volées et de Marisol qui veut aller travailler à l'usine. Mais ce soir, la Goule a fait le moulin à vent. Les mots de Pablo restent coincés dans sa tête, il marche.

7

L'ACCIDENT

Dans le brouillard, les feux rouges répondent aux feux verts, les rues et les immeubles s'effacent. Pablo est loin de chez lui, aux limites de la Courneuve, presqu'au Bourget. C'est de là-bas que décollent les avions des gens importants. Parfois même ils font des acrobaties dans le ciel. Ils tournent, ils virevoltent, leurs moteurs résonnent dans les rues ; en classe, la maîtresse est obligée d'attendre qu'ils soient passés pour reprendre la leçon. Pablo marche sur le bord du trottoir, ses bras ouverts comme de grandes ailes blanches. Un jour, il marchera jusqu'à l'aéroport et il les verra de près. S'il se fait discret, peut-être qu'il pourra se cacher sur la piste et les voir décoller, s'envoler avec eux, qui sait ? Pablo ferme les yeux pour mieux imaginer.

– Attention !

Le cri n'est pas arrivé à ses oreilles que Pablo sent un grand coup dans son dos. Il tombe, le nez sur le goudron.

– Hé ! Ça va ?

Non, ça ne va pas. Pablo voudrait répondre, il essaie en vain d'ouvrir ses yeux, une immense fatigue lui est tombée dessus. Qu'est-ce qui lui est arrivé ?

– Au bord du trottoir, il courait presque…

– Ces enfants qui ne regardent rien…

– Avec ce brouillard, vous pensez…

– Un gamin, c'est un gamin…

– Renversé ? Par un vélo ?

– Vélo. Gamin. Vé. Main. Galop.

Pablo revoit le cheval blanc galoper sur la plage dans la brume ; c'était un beau film, il ne se rappelle plus son titre.

– Ne le touchez pas, j'appelle les pompiers.

Les pompiers ? La police ?

– Non !

Pablo a crié, il s'est assis d'un coup. Sa tête tourne, son nez saigne et ses reins le brûlent, mais il est entier.

– Non, n'appelez personne, s'il vous plaît. Je vais bien, je vais très bien et ma mère est infirmière, elle va s'occuper de moi.

Il fait mine de se lever, mais une main gantée le retient :

– Ne bouge pas, reste assis.

Pablo cligne des yeux. À Santa Maria del Cauca, une fois, il a vu passer des champions cyclistes, et même Santiago Botero, la star de Colombie. Un collant et un tee-shirt fluorescents, un casque, les chaussures attachées aux pédales, ils étaient magnifiques sur leurs montures. Et voilà que Pablo touche un vrai champion : habillé en orange et noir, un casque sur sa tête, l'homme lui tient la main ! Pablo n'en croit pas ses yeux.

– Ne bouge pas, je t'ai percuté en pleine vitesse. Tu dois voir un médecin.

Champion ou pas, Pablo se débat, il doit s'enfuir, à tout prix. Les pompiers, la police, les docteurs, tous demandent les papiers, et des papiers, Pablo n'en a pas. Il ne doit pas faire d'ennuis à ses parents. Mais l'homme le retient.

– S'il vous plaît, *señor*[1] champion, laissez-moi partir, je vais bien, vraiment.

L'homme sourit :

– Je n'ai pas freiné à temps : pour un champion, je me pose un peu là, tu ne crois pas ? Je m'appelle Georges, et toi ?

Comme il n'y a pas de grandes flaques de sang ni de sirènes, les passants autour d'eux se remettent en marche. Pablo se relève, il grimace, son dos lui cuit drôlement.

– Je vais rentrer chez moi.

– Attends, je t'accompagne, dit l'homme en attrapant son vélo.

Il fait tourner la roue avant dans le vide, elle dessine comme des huit, elle est salement voilée.

– Il faudra réparer votre vélo. Ça va coûter cher.

L'homme enlève son casque, il sourit. Pablo se dit qu'il aimerait l'avoir comme ami : il a un vrai sourire, Georges, et des yeux pleins de soleil.

1. « Monsieur ».

– Tu veux du chocolat ? J'en ai toujours sur moi, on ne sait jamais.

Pablo prend une barre de chocolat et la porte à sa bouche, Georges en croque un large morceau aussi. La bouche barbouillée de cacao, il ajoute :

– Il n'y a pas mieux comme médicament pour se remettre de ses émotions.

Puis il frotte d'un doigt sa moustache en chocolat. En route, Georges lui raconte qu'il fait du vélo dès qu'il peut, mais que son métier, c'est comptable. Comme Pablo a l'air déçu, Georges ajoute qu'il est aussi conseiller municipal. Un conseiller municipal contre un champion, ça se vaut bien. Pablo est rassuré : s'il est chef à la mairie, Georges doit être très riche, il pourra faire réparer son vélo. Georges éclate de rire :

– Je ne suis chef de rien du tout ! Ni chef ni riche : à la mairie, on trouve plus de soucis que de trésors.

Des soucis ? Comment un adulte assez riche pour se payer un si beau vélo et une aussi belle tenue peut-il avoir des soucis ? Pablo veut tout savoir. Alors Georges lui raconte les immeubles HLM trop vieux, les ascenseurs qui tombent en panne et le manque d'argent pour les réparer, l'usine qui risque de fermer et les centaines de familles qui vont connaître le chômage, les écoles qui voudraient plus de professeurs et le rectorat qui ne veut pas en ajouter, et la préfecture qui refuse les autorisations pour… Georges s'arrête net. Il s'est emballé ; le regard de Pablo qui boit ses paroles le trouble. Il sourit, un peu triste cette fois :

– Des soucis de grandes personnes, tu vois... Alors je roule : quand je fais du vélo, je ne pense à rien, je me sens plus léger. Mais toi, pourquoi tu marches comme ça ? À ton âge, on n'a pas de soucis.

Pas de soucis ? Pablo oublie toute sa prudence, il aime bien Georges, il a confiance en lui. Un adulte qui mange du chocolat en se faisant des moustaches avec ne peut pas être vraiment mauvais. Alors il lui raconte les cartes volées à l'école, et les regards qui pèsent sur lui, sa sœur qui ne veut plus qu'on l'appelle Marisol mais Marie, et qui fait semblant de vouloir travailler à l'usine de vêtements alors qu'elle devrait devenir professeur, sa rencontre avec la Goule, si vieille, si seule dans son jardin abandonné...

Pablo parle sans méfiance. Georges l'écoute, il hoche la tête sans l'interrompre. L'enfant ne perçoit plus la douleur dans son dos, le sang a séché sous ses narines, il se sent bien. Mais arrivé à deux rues de chez lui, il s'arrête :

– Je suis arrivé. Merci, merci bien de m'avoir accompagné.

Il tend la main à Georges, qui insiste :

– Je dois voir tes parents, leur laisser mes coordonnées. Si tu vois un médecin, ils doivent pouvoir me joindre, pour les remboursements, l'assurance.

Pablo n'a pas envie de mentir à cet homme. Il passe d'un pied sur l'autre, frotte la croûte sous son nez qui se remet à saigner. Georges sort un mouchoir d'une pochette accrochée à son bras, il tamponne le sang. Pablo baisse la tête :

– Vous ne pouvez pas venir chez moi, *señor* Georges, c'est impossible…

Georges attrape le visage de Pablo, il le tourne vers lui :

– Tes parents ne sont pas en règle ? Ils n'ont pas de papiers, c'est ça ? Tu sais, j'ai l'habitude…

8

UN HOMONYME

Georges est monté chez Pablo. D'abord, ses parents sont restés muets, à écouter ce qu'avait à leur dire cet inconnu qui ramenait leur fils à la maison. Ensuite, ils ont parlé, longtemps. Georges hochait la tête, comme quand Pablo lui racontait ses soucis en chemin.

Il voulait tout savoir : pourquoi ils étaient partis de Colombie, leur travail là-bas, et de quoi ils vivaient maintenant. Il notait tout sur une feuille. Pablo n'avait jamais vu ses parents aussi sages. Sa mère qui d'habitude riait tout le temps très fort et appelait le Ciel et la Vierge Marie toutes les deux phrases, là, elle parlait doucement, comme à confesse avec le curé. Son père tournait et retournait une cuillère à café dans ses mains. Il acquiesçait à ce que disait sa femme, précisait certains détails, le nombre de ruches qu'il possédait à Santa Maria, les kilos de miel qu'il produisait, et qu'il avait choisi ce métier parce qu'il n'avait pas voulu cultiver le café comme ses frères et abîmer la terre. Pablo n'avait pas entendu son père parler autant depuis des mois. Ça le laissait sans voix. Même *abuelita* tenait sa langue. On voyait bien qu'elle enrageait de ne pas comprendre ce qui se disait parce qu'elle gigotait d'une fesse sur l'autre, mais elle pestait en silence. Pablo buvait l'eau chaude au jus de canne que lui avait préparée sa grand-mère pour le réconforter après sa chute. Il regardait ses parents, il ne comprenait pas pourquoi ils se confiaient comme ça. Georges devait avoir un don, le don de faire parler le cœur des gens. Quand Marisol est rentrée, son sac de courses dans les bras, chantant à tue-tête une chanson à la mode, la mère lui a crié de se taire « pour l'amour de Dieu ». Georges s'est levé. Il a souri :

– Tu es Marisol, c'est ça ?

Marisol en a perdu sa voix, elle est devenue toute rouge.

– Mar-i-sol… Dans ton prénom, j'entends la mer et le soleil. C'est un beau cadeau que tes parents t'ont fait là.

Georges a fait un clin d'œil à Pablo puis il a ajouté pour tout le monde :

– Je vous laisse dîner. On doit pouvoir faire quelque chose pour vos papiers : vous êtes en danger de mort dans votre pays, ça compte dans les dossiers. Je vais me renseigner, je reviendrai vous voir. Tenez, si vous avez besoin de me joindre, je vous laisse mes coordonnées.

Cette nuit, couché dans son lit, Pablo a mal, ça l'empêche de dormir. Il redéroule dans sa tête la conversation de Georges avec ses parents. Sa vie coule dans sa mémoire comme un film au cinéma. Il revoit la scène où tout le village s'inquiète du *tío* Ramon qui ne revient pas. Maintenant, Pablo sait que son oncle a été tué par les paramilitaires parce qu'il portait le même nom qu'un commandant de la guérilla, sa mère l'a dit à Georges, personne ne l'avait jamais dit à Pablo. Un homonyme… Pablo a appris le terme à l'école. Le *tío* Ramon est mort à cause d'un homonyme ; à cause de cet homonyme, sa famille s'est exilée. Parce qu'après ça, ses parents ont eu peur : ils portaient le même nom que le *tío* Ramon. Ils ont aussi expliqué à Georges que les paramilitaires et les guerilleros donnaient des vélos et des téléphones portables aux enfants, et qu'ils les forçaient à aller espionner les camps ennemis. Le plus souvent, ces enfants étaient tués. Un voisin les avait avertis : les paramilitaires avaient repéré Pablo et ses longues promenades, bientôt ils viendraient l'enrôler. Les parents n'ont pas voulu que leur fils devienne une cible vivante. Ils ont préféré quitter leur pays. Couché sur le côté, les mains jointes sous sa joue, Pablo finit par s'endormir sur un oreiller trempé de larmes.

La journée du lendemain est interminable. S'ils ont quitté la Colombie, c'est à cause de lui, cette idée tourne dans sa tête, il faut que Pablo en parle à quelqu'un. À la cantine, Manuel, Enrique et les autres discutent de foot, Pablo ne peut rien dire. À la récréation de l'après-midi, cette fille de CE2 lui fait un signe, mais Pablo n'a pas envie de se confier à elle. Après tout, il ne la connaît pas, et puis elle est trop petite pour comprendre les choses graves. Alors Pablo garde ses mots dans sa bouche. Pas questions de cartes volées aujourd'hui, tout est calme. Même Dorian le laisse tranquille ; il a inventé un jeu de corde à sauter très compliqué qui occupe presque toute la cour de récréation mais seuls les membres de sa bande ont le droit d'y jouer. Pablo s'en fiche. Il a hâte que la sonnerie retentisse : il ira voir la Goule, avec elle, il pourra discuter.

À cinq heures, sans prendre le temps de poser son sac à dos chez lui ni de goûter, Pablo se précipite chez la vieille femme. Il toque à la porte : trois coups rapprochés puis un, comme ils ont convenu. Personne ne répond. Sur le bord du toit, un chat miaule et s'étire avant de se rendormir. Pablo essaie de regarder à travers la fenêtre, mais les morceaux d'étoffes multicolores qui font office de rideaux l'empêchent de voir la pièce. Pablo sait maintenant que ces rideaux improvisés sont des restes de robe de soirée, des lambeaux de soie, de mousseline, du velours et du taffetas.

La vieille femme n'a pas toujours été pauvre, ni seule, ni vieille. Elle raconte sa vie dans des châteaux, dans des hôtels avec golf et piscine, sur des bateaux parfois. Comme elle était danseuse, elle a beaucoup voyagé. À l'écouter, Pablo avait l'impression qu'elle avait vécu plusieurs vies. Il fait le tour de la bicoque, pousse une planche qui barre le passage, dérange encore un chat alangui dans l'herbe, mais la Goule n'est pas là. Depuis qu'il vient la voir, c'est la première fois. Après tout, elle doit bien sortir de temps en temps pour aller chercher de quoi manger, comme tout le monde. Pablo pose son sac par terre et s'assoit pour l'attendre. Il noie son impatience en scrutant le jardin. Les arbres rougissent ; bientôt, ils n'auront plus de feuilles. En Colombie, les arbres sont toujours verts. Mais le soleil du soir fait briller les feuilles et les longues herbes avec la même force qu'à Santa Maria.

La lune trop blême pose un diadème[1]...

Une chanson vient de la maison, c'est la Goule ! Elle est là. Pablo se lève et se dirige vers la voix éraillée.

La lune trop rousse de gloire éclabousse ton jupon plein d'trous[1]...

Pablo tire un volet, colle son nez à la vitre. Assise en tailleur dans une bassine, la vieille fait couler une casserole d'eau sur ses épaules. Elle est nue. Surpris, Pablo fait un pas en arrière, un bout de tôle résonne sous ses pieds. La femme se retourne et le voit. Elle lui fait signe, elle crie :

– C'est toi ? Tu tombes bien... Viens, viens m'aider. Fais le tour, la porte est ouverte.

Pablo hésite. Il n'a jamais vu de femme nue, encore moins de vieille femme nue. Et la Goule est quand même spéciale, elle perd la tête, parfois, quand elle se met à crier et à faire de grands moulinets avec ses bras. En même temps, il a très envie de lui parler de cette histoire d'exil et jusque-là, la vieille ne s'est jamais transformée en sorcière. Jusque-là.

1. « La complainte de la Butte », paroles de Jean Renoir.

9

LE CRI DU *GUÁCHARO*

La porte s'ouvre sans que Pablo ne tourne la poignée, elle glisse sans bruit. Le gros chat roux dort près de la table. Au passage de Pablo, il ouvre un œil méprisant puis le referme. Pablo a la gorge serrée.

– Fais chauffer de l'eau, les allumettes sont sur la table.

Quand il était petit, Marisol lui racontait tout le temps des histoires horribles, comme celle de cette sorcière du fond de la forêt qui obligeait des enfants à préparer eux-mêmes le bouillon dans lequel ils seraient cuits. Mais ce n'étaient que des contes pour effrayer les tout-petits, et Pablo n'est plus un bébé. Il attrape une vieille casserole à la queue cassée, la remplit d'eau à l'évier puis la pose sur la gazinière. Ses mains tremblent, mais il arrive à allumer le feu sous le récipient gondolé.

La lune trop pâle caresse l'opale de tes yeux blasés[1]...

Pablo se dirige vers la voix de la Goule. Il traverse un couloir sombre, le carrelage en damier le guide vers une pièce qu'il ne connaissait pas. À travers la

1. « La complainte de la Butte », paroles de Jean Renoir.

porte ouverte, il aperçoit des pans de tissus blancs, roses, bleus et mauves, comme des fleurs de tulle suspendues au plafond la tête en bas.

– Entre ! Entre donc… *Princesse de la rue, soit la bienvenue dans mon cœur blessé*[1]… Mais tu ne connais pas ça, toi, hein ? Trop vieilles, mes chansons. Trop vieille, la vieille !

La femme se met à rire de ce rire étranglé que Pablo n'aime pas. Il fait demi-tour quand la Goule l'appelle :

– J'ai besoin de toi, tu vas me laver les cheveux, je n'y arrive pas toute seule…

Pablo respire un grand coup. Il avance, passe la porte, pousse un lambeau de tulle, puis un autre. Ce sont des costumes de danseuse, du temps où la vieille femme était une star et pas la Goule. Punaisés au plafond par leurs bretelles, ils dessinent un labyrinthe de fantômes. La poitrine serrée, Pablo le traverse. Pour se protéger des mauvaises choses, il ne doit pas marcher sur les joints du carrelage. Un pied sur un carreau blanc, un pied sur un carreau noir. Au fond de la pièce, il devine la femme dans son baquet, elle fredonne. Un dernier voile blanc, Pablo baisse les yeux. Elle est là, nue devant lui. Elle frotte ses bras avec une grosse éponge jaune. Sa peau laiteuse absorbe la lumière autour d'elle, comme le halo d'une étoile très loin dans le ciel. Ses seins très blancs, petits et ronds, bougent sur sa poitrine. Pablo a souvent essayé d'apercevoir les seins de sa sœur, mais

1. « La complainte de la Butte », paroles de Jean Renoir.

elle se cache toujours. Est-ce que Marisol aussi a des tétons roses ? Pablo sent ses joues chauffer, il rougit.

– Ah, tu es gêné, dit la vieille femme en se retournant vers le mur, tu n'as pas l'habitude. Excuse-moi.

Elle lui demande de lui faire passer un flacon doré posé sur le rebord de la fenêtre, un parfum qui coûte les yeux de la tête et qu'elle va finir aujourd'hui :

– Parce que tu comprends, mon petit, il faut savoir être fou.

Devant cette bonne humeur inhabituelle, Pablo se détend. Il lui donne le précieux flacon, puis une brosse qu'elle passe dans ses maigres cheveux défaits. Elle lui raconte des tas d'histoires sur ses amoureux qui aimaient tant l'odeur de sa chevelure, autrefois. Elle éclate de rire :

– Des mois que je ne me suis pas lavé la tête : les hommes, ils fuiraient tous, sauf à en trouver un de la race des putois, bien sûr !

Dans son corps de vieille femme, la Goule a plus de vie que bien des gens que Pablo croise dans les rues. Elle verse une drôle de lotion qui empeste le bois pourri sur sa tête, Pablo la fait mousser en fronçant son nez. Il a l'habitude, il aide souvent *abuelita* à se laver la tête. Il va chercher l'eau chaude pour rincer les cheveux. La femme reprend sa chanson.

Mais voilà qu'il flotte, la lune se trotte, la princesse aussi[1].

Pablo revient, la casserole à la main.

1. « La complainte de la Butte », paroles de Jean Renoir.

Sous le ciel sans lune, je pleure à la brune mon rêve évanoui[1]...

Debout dans son baquet, la femme essore sa chevelure. Pablo ne peut pas s'empêcher de regarder ses fesses si blanches, si maigres, si fripées. Il se racle la gorge pour signaler qu'il est là. La Goule se rassoit. Elle penche sa tête en arrière, Pablo verse l'eau tiède sur ses cheveux.

– Maintenant, je peux mourir. Tu vois, petit, je n'aurais pas voulu partir en puant. Mais qu'elle vienne vite, la grande faucheuse, sinon il faudra que je me relave, c'est la barbe !

Elle sort de la bassine en s'appuyant sur le bras de l'enfant. Pablo ne veut pas que la Goule meure, il a envie de pleurer.

– Tu es triste ? Il ne faut pas. La vie, la mort, être là, être ailleurs, être, ne plus être, qu'importe...

Mais Pablo explose :

– Non ! La vie ou la mort, c'est important. Être ici ou ailleurs, c'est important. Être en Colombie, c'est une chose, vivre ici, c'en est une autre. Rien, vous ne comprenez rien !

Il s'enfuit dans le jardin. Couché par terre, il arrache des touffes d'herbes sèches pour calmer sa rage. La vieille femme le rejoint. Elle a passé un antique peignoir à larges manches. Elle marche vers lui, nu-pieds. À travers ses larmes, Pablo pense qu'elle risque de se blesser. Elle se penche vers lui. Du bout de son index,

1. « La complainte de la Butte », paroles de Jean Renoir.

elle caresse le dos de la main de Pablo, elle ne dit rien pendant un long moment. Le soir est en train de basculer vers la nuit. Tout en haut d'un arbre, un oiseau lance des cris désespérés.

– Il a dû perdre quelque chose… souffle la Goule. Je connais ton pays, tu sais, j'ai dansé là-bas, à Santa Fé de Bogotá. Je me souviens, il y a des oiseaux partout, ces tout petits piafs… des colibris ? C'est bien ça ?

– Oui, renifle Pablo. Il y a des oiseaux de toutes les couleurs, de toutes les chansons. Des *loros*, des perroquets, des perruches, des flamants roses… le condor et des toucans aussi.

Pablo sourit :

– Mon préféré, c'est le colibri violet et bleu. On dirait un bout de nuit qui butine les fleurs.

Pablo glisse dans ses souvenirs. Sans s'en rendre compte, il tutoie la femme qui s'est allongée près de lui.

– Tu connais le *guácharo*[1] ? Il est tout roux. La nuit, il lance un cri contre les murs pour écouter l'écho et se repérer. Il vole comme ça, de cris en cris. Le soir, quand tu entends « carr-carr », tu sais qu'un *guácharo* sort de sa caverne pour aller chercher des fruits. J'ai essayé d'en apprivoiser un, une fois. Je l'avais trouvé dans un fossé, une aile cassée. Il est resté à la maison le temps de guérir, puis un soir il s'est

1. Grand oiseau nocturne proche des engoulevents, son nom vient de « guacho », vagabond, du quechua « wáhcha », pauvre, orphelin.

envolé. Il a tourné longtemps au-dessus du toit, il est monté, haut, très haut, il a dessiné un grand cercle. Je ne l'ai jamais revu. Il était parti. Nous aussi, on est partis...

Alors Pablo raconte à la Goule l'exil de toute sa famille pour le protéger, lui, de la violence de leur pays. Sans lui, les parents et *abuelita* seraient encore à Santa Maria del Cauca, son père s'occuperait de ses abeilles et sa mère soignerait les malades. La Goule ne dit rien, elle regarde le ciel. Pablo lui explique la bagarre avec Dorian, qui l'a bien cherché, et cet homme, Georges, qui va s'occuper de leurs papiers mais qui ne changera jamais la couleur de sa peau... Pablo parle, il parle. Au bout d'un moment, il fixe la femme et lui demande pourquoi elle ne dit rien.

– Tu vois, petit, ce ciel, et cette branche qui se découpe dans ce ciel ?

– Oui, et bien ?

– Plisse les yeux, regarde le soleil qui se couche à travers les feuilles.

– Oui, je le vois.

– Il est beau, et grand, et rouge. Comme dans ton pays.

– Dans mon pays, le ciel est grand, et bleu, et les nuages glissent dessus. Mais le soleil est pareil, c'est vrai.

– Ici ou là-bas, c'est le même soleil. Et toi, Pablo, tu es le même Pablo, à Santa Maria ou ici. La Courneuve, c'est ta ville maintenant. Pour les abeilles, je peux prêter ce jardin, ton père n'a qu'à venir y installer des ruches. Facile. De toute façon, ce jardin n'est à personne. La terre n'appartient à personne.

La vieille femme s'est levée. Elle se met à tourner dans l'herbe. Son regard devient plus vert que violet. Elle chantonne de plus en plus fort et lance ses bras au ciel.

Les escaliers de la butte sont durs aux miséreux, les ailes des moulins protègent les amoureux[1]...

Des chats cachés sous un tas de bois s'enfuient. Pablo se lève, il attrape son sac à dos. Il sait qu'il doit partir aussi.

1. « La complainte de la Butte », paroles de Jean Renoir.

10

LA MALADIE DES ÉMOTIONS

Quand il arrive chez lui, Pablo tombe au milieu d'une tornade. Marisol crie :

– Non, je n'irai pas donner des leçons d'espagnol aux enfants de ta patronne. Non ! Je ne suis pas une boniche. J'irai à l'usine, c'est tout. À la fin du trimestre, j'arrête le lycée.

Sa mère hoquette. Ses yeux sont rouges, elle agite devant elle un épi de maïs à moitié épluché. Elle rétorque qu'elle fait bien le ménage, elle, et que *santo Cielo*, ça ne change pas ses mains en palmes ! *Abuelita* chante une berceuse à Rose qui hurle plus fort que sa grande sœur. Pablo, son sac à dos à la main, reste muet sur le pas de la porte.

– Et toi, tu entres ou tu sors ? Tu vas nous faire attraper la mort avec cette porte ouverte ! *Virgen santisima*, quelle famille…

Sa mère jette le maïs dans l'évier et se retourne vers Marisol :

– Tu ne quitteras pas le lycée, jamais !

Marisol hausse les épaules, elle rentre dans la chambre et claque la porte.

Abuelita pose Rose dans les bras de Pablo, elle va récupérer l'épi de maïs et finit de le nettoyer sans rien dire. La mère s'est affaissée sur une chaise, la tête dans ses mains.

– *Santa Maria*, dites-moi ce que j'ai fait au bon Dieu pour avoir une fille comme ça…

Pablo s'approche en berçant Rose, il s'assoit près de sa mère.

– *Mamá* ? Ce n'est rien, *mamá*, Marisol s'emporte un peu, et puis après ça va mieux. Pour la boniche, elle ne le pensait pas, elle a dit ça comme ça.

– Je sais, Pablito, je sais. Ce n'est pas ce qui m'inquiète. Il ne faut pas qu'elle arrête l'école, tu vois, ce serait la plus grande *tontéria* de sa vie. Mais elle ne m'écoute pas.

Rose gazouille et pose son doigt sur la bouche de sa mère qui la prend dans ses bras et gazouille avec elle.

– Areuh gueu deu ma toute belle. Pablo, ton ami, le monsieur de la mairie, il est passé tout à l'heure.

– Georges ? Il ne m'a pas attendu ?

– Il ne pouvait pas. Il avait besoin de documents, nos numéros de passeports, il faut qu'on fasse des photos aussi. Il reviendra. Il a laissé ça pour toi.

Elle montre une enveloppe posée sur la table, une grande enveloppe blanche aux armes de la mairie, un grand C bleu et jaune soleil. Pablo l'ouvre, à l'intérieur, il trouve une tablette de chocolat. Il sourit. Il se lève, va vers la chambre et entrouvre la porte.

– Mariso… Marie ?

Sa sœur grommelle, Pablo entre et ferme la porte derrière lui.

– J'ai un médicament pour ce que tu as, dit-il en montant sur le lit.

– Ah oui ? Parce que tu crois que j'ai une maladie ?

– Oui, la maladie des émotions. C'est Georges qui me l'a dit : quand on a trop d'émotions, il faut manger du chocolat. Tiens, c'est lui qui l'a porté.

Marisol regarde son frère qui lui tend la tablette. Elle ne peut pas s'empêcher de rire :

– C'est un drôle de bonhomme, ton Georges. D'abord il t'écrase avec son vélo, ensuite il te soigne les émotions à coup de chocolat. Pour sûr, il a l'oscar du meilleur docteur des cours de récré avec un médicament comme ça…

Marisol détache une barre de la tablette et commence à la sucer.

– Il est bon.

Pablo met trois carrés d'un coup dans sa bouche.

– Très bon.

Ils savourent leur chocolat un moment sans rien dire. Puis Marisol demande :

– Dis, Pablo, tu crois, toi, que je devrais continuer l'école ?

– Non, il faut que tu arrêtes tout de suite. D'ailleurs, je ne comprends pas pourquoi tu veux finir le trimestre.

Marisol regarde Pablo, qui engloutit deux nouveaux carrés de chocolat.

– Tu crois ? Après tout, tu as raison, pourquoi je finirais le trimestre ? Ça ne sert à rien. Mais, quand même…

– Oui, tu quittes demain. Tu vas chez le proviseur, tu dis « Voilà, c'est fini pour moi le lycée » et tu t'en vas.

– Comme ça ?

– Oui, comme ça. Qu'est-ce que tu veux ?

– Mais… les copines ? J'ai un exposé à présenter avec Audrey, on en a déjà préparé la moitié, je ne peux pas la laisser tomber comme ça.

– Ah, si un exposé t'arrête, c'est que tu n'es pas vraiment décidée. Pourtant, l'usine, c'est drôlement mieux que le lycée.

– Tu crois ? Donne-moi encore un bout.

– Tiens. Oui, à l'usine, tu fais toujours la même chose, comme ça, tu ne te trompes pas.

– On peut changer de poste, apprendre d'autres gestes.

– Peut-être. Deux ou trois fois dans ta vie, tu changes. Alors qu'à l'école il faut tout le temps apprendre de nouvelles choses, c'est fatigant.

Marisol pique encore un morceau de chocolat. Elle regarde son frère, il fixe une fissure dans la peinture du plafond. Elle a une forme de palmier, ou d'orchidée.

– Tu me fais marcher, c'est ça ?

– Tu me demandes, je te dis ce que j'en pense.

Pablo retient un fou rire. Il avale la dernière barre de la tablette.

– Et tu as fini le chocolat ! Malin comme un singe et gourmand comme un cochon… *Santo Cielo* tu es vraiment insupportable, toi, comme frère !

– Tu parles comme maman maintenant : *santo Cielo*… mime Pablo en laissant fuser son rire.

Marisol attrape son oreiller et le jette sur son frère. Il le lui relance. Ils se ruent l'un sur l'autre. Pablo chatouille sa sœur sous les bras, là où ça la fait toujours rire si fort. Marisol crie :

– Arrête ! Arrête, tu as gagné…

– J'arrête si tu me promets : tu resteras au lycée.

– Promis, c'est promis. Mais arrête…

Pablo se laisse tomber à côté de sa sœur. Il est rouge, essoufflé. Marisol respire fort aussi. Ils regardent le plafond ensemble, la fissure a grandi depuis qu'ils habitent ici. Au début, ce n'était qu'un tronc ou une tige, maintenant les pétales se sont ouverts.

– Pablo ? Tu crois que j'arriverai à devenir professeur ?

– Sûr, que tu y arriveras, tu es la sœur la plus intelligente que je connaisse.

Marisol sourit, elle se tourne vers Pablo.

– Et Rose, tu l'oublies ?

– Non, Rose est intelligente et belle, elle.

Marisol frotte le crâne de son frère et rit.

– Rose est un amour et tu es un monstre, *hermano mio* ! Tu vois… je voudrais faire de la chimie, professeur de chimie, ça me plairait bien.

– Et l'usine ?

– L'usine, c'est pour les sous. Tu imagines : acheter le pantalon le plus beau, et toutes les chaussures que je veux, les sacs... Aider *mi papá* et *mi mamá* aussi. Ces leçons chez la patronne de maman, après tout, c'est un entraînement pour devenir professeur. Tu ne crois pas ?

– Oui, et avec un peu de chance, tu ne feras pas trop peur aux enfants quand ils verront ta tête de macaque emplumé.

Marisol pousse son frère hors de son lit, il se reçoit sur ses pieds et s'enfuit en riant :

– *Santo Cielo*, voilà *el professor* Marisol, au secours, au secours !

Marisol le poursuit, ils sortent de la chambre, tournent autour de la table. *L'abuela* Susana secoue ses épaules en raclant sa gorge :

– *Con la ayuda de Dios*[1], qui sait jusqu'où ils iront ces deux-là ?

En voyant sa sœur et son frère se poursuivre, Rose éclate de rire. Pablo lui fait des signes de la main et crie :

– Attention, Rose : ta sœur reste au lycée, tu risques de l'avoir comme professeur quand tu seras grande.

La mère regarde ses deux grands enfants, elle pose les assiettes sur la table et soupire.

Pablo ajoute :

– Oui, *mamá*, elle passera ses examens. Saluez, saluez tous *la señora professor*[2] Marisol !

1. « Avec l'aide de Dieu ».
2. « Mme le Professeur ».

La mère éteint le feu sous la casserole de soupe. Marisol s'arrête derrière elle, enlace sa taille et pose sa tête sur son épaule. La mère se retourne, sourit et caresse la joue de sa fille :

– *Amanecerá y veremos*[1]…

Elle soulève le couvercle, l'odeur de coriandre parfume la pièce. Le père ne va pas tarder, c'est l'heure de dîner.

1. « Demain il fera jour et nous verrons bien. »

11

L'ACCUSATION

– C'est toi, je le sais !

Baptiste hurle. Au milieu de la cour, il désigne Pablo.

– Tu voles les cartes et, maintenant, le téléphone de la maîtresse. C'est toi !

Ce matin, le téléphone portable de leur maîtresse a disparu. Elle a dit qu'elle le chercherait chez elle, mais que c'était ennuyeux, qu'elle était sûre de l'avoir mis dans son sac avant de venir. Puis elle a repris son cours. Avec la récréation, les rumeurs et les accusations pleuvent.

– Moi aussi, il m'a volé mes cartes, crie un élève en courant vers Baptiste.

– Et moi, mon pain au chocolat, il a disparu hier… pleurniche un enfant du CP.

Un cercle se forme autour de Pablo. Les mains sur les hanches, Dorian rit très fort. Pablo ne doit pas se battre, le directeur l'a averti : la prochaine fois, il convoque ses parents. Enrique et Manuel essaient de le protéger de leurs bras ouverts, mais ils sont bousculés. Le cercle se referme. Des cris, des postillons, la bousculade. Quelqu'un pousse Pablo dans son dos encore meurtri. Il a envie de vomir. Ne pas se battre. « Colombien, vaurien ! » Pablo tombe, à quatre pattes au centre de jambes qui blessent… « Colombien », au cœur d'insultes qui cognent. « Vaurien ! »

Le sifflet du surveillant retentit. Les enfants s'éparpillent, Pablo reste seul, assis par terre. Sa tête tourne, il a reçu un coup dans le mollet ; demain, son tibia sera bleu. Bientôt, il ressemblera à un Schtroumpf. Il se lève, Stephan le rejoint et époussette son blouson ; il lui donne une tape amicale dans le dos.

– Tu me donneras l'*abrazo*[1] plus tard. Va chercher les autres, il faut trouver un moyen de ne pas se faire punir, sinon les parents…

Mais Pablo n'a pas le temps de finir sa phrase. Les surveillants rameutent les enfants. Toute l'école est convoquée dans le gymnase. Du fond du préau, Nina regarde Pablo se relever. Ses copains de l'immeuble le soutiennent, une institutrice vérifie qu'il n'est pas blessé. Pablo est plus blanc que la craie. Nina se recroqueville, la tête cachée entre ses jambes. Un enseignant l'attrape au passage, elle doit rejoindre les autres, le directeur va leur parler.

Le moment est très solennel. Toute l'école rassemblée dans le gymnase, Pablo n'a jamais vu ça. Il paraît qu'à la kermesse de fin d'année, le directeur parle à tout le monde avec la musique à fond et

1. « L'accolade ».

l'odeur des gâteaux du stand des parents d'élèves. Aujourd'hui, pas de sucreries ni de musique. Seulement le silence gêné et le frottement des manteaux qu'on enlève. Les professeurs font asseoir les enfants par terre, eux restent debout, les bras croisés. Le directeur entre. Il traverse la salle et s'installe sous le panneau de basket. Tous les yeux sont fixés sur lui. Il se gratte le menton.

– Les enfants… Je suis embêté. Je n'ai pas l'habitude de vous faire la morale, mais là…

Le voilà parti sur des explications compliquées de ce qu'est la « présomption d'innocence », comme quoi chacun est innocent tant qu'on ne prouve pas qu'il est coupable. M. Lambord s'embrouille un peu. Les enfants gigotent. Certains soufflent, chuchotent. Quand les garçons autour de Dorian se mettent à ricaner, le directeur explose :

– Vous vous croyez malins ! Vous croyez tout savoir, hein ? Mais vous savez quoi, bande de rigolos ? Des cartes disparaissent, un téléphone disparaît, et vous, vous savez…

– Oui, M. le Directeur, on sait qui les a volés, crâne un garçon de la bande.

– Ah bon… Vous savez qui a volé le téléphone de Mme Gauthié ? Ça m'intéresse, demande le directeur.

Personne ne répond. Dorian regarde par terre pour se faire oublier. Pablo est au bord du malaise, les murs tanguent autour de lui. Manuel lui touche le bras en signe d'amitié.

– Personne ne l'a volé, on l'a retrouvé : il avait glissé sous l'estrade, bande de cornichons zébrés ! Ah... tant de sottises... vous me faites enrager, tiens ! Et les cartes ? Vous savez aussi, hein, qui les as prises ?

Le directeur est tout rouge. Il pose un regard furibond sur chaque enfant. Quand il arrive sur le coin des plus jeunes, Nina se met à sangloter.

– C'est moi. C'est moi qui ai pris les cartes.

Personne n'en croit ses oreilles. Nina, la si douce Nina... Son maître, M. Delambre, lui demande doucement de s'expliquer, mais Nina hoquette. Pablo ne sait pas quoi faire. Il ne veut pas que cette fille se sacrifie pour le sauver, peut-être qu'elle a vraiment pris les cartes, mais pourquoi ? Nina parle à l'oreille de M. Delambre.

– Pablo, dit le maître, Nina veut te dire quelque chose.

Pablo se lève. Les élèves s'écartent sur son passage. Dorian le regarde passer sans rien dire, ni même sourire. Baptiste baisse la tête et regarde ses lacets. Pablo s'accroupit près de Nina. Elle lui montre son doigt, elle porte encore le lien de fils tressés. Pablo sourit. Nina chuchote si bas que Pablo a du mal à l'entendre.

– Les cartes, elles sont dans mon château...

– Celui où ton père t'emmène ?

– Oui. C'est pour le château, pour le décorer. Elles brillent, tu comprends ? Tu ne m'en veux pas ? Ils étaient si méchants, tout à l'heure dans la cour. J'avais peur...

Pablo hausse les épaules, il sourit à Nina et se relève.

Après une dernière recommandation sur le respect des autres, le directeur renvoie les élèves dans leurs classes. Il emmène Pablo et Nina dans son bureau.

12

LE CHÂTEAU DE CARTES

Assis derrière son bureau, le directeur regarde les deux enfants. Derrière lui, sur une étagère, Pablo compte huit coupes de tournois de ping-pong et dix-neuf médailles. M. Lambord anime le centre sportif du mercredi, il est très fort comme entraîneur de ping-pong.

– Bon, les petits loups, maintenant, il faut m'expliquer...

Nina mordille l'intérieur de ses joues. Pablo regarde ses mains posées sur ses cuisses. Le directeur fouille dans ses fiches, il en sort deux et les pose devant lui :

– Nina Knapick, CE2. Un peu trop timide en classe, élève appliquée... Tu vis seule avec ta maman. Tu n'as ni frère ni sœur, c'est bien ça ?

– Oui, Monsieur, souffle Nina.

– Et toi, Pablo ? Pablo Hernandez... Jusque-là, tout allait bien. Puis il y a eu cette bagarre l'autre jour, et aujourd'hui... Alors, qu'est-ce que c'est que cet embrouillamini de cartes ?

Nina jette un regard en biais à Pablo, elle murmure :

– Dis-lui, toi.

Pablo hoche la tête. Il explique au directeur l'histoire du château de Nina, son père qui l'emmène là-bas, et les cartes qui servent à le décorer. Le directeur hausse un sourcil :

– Le château de ton père ? Mais, Nina, tu sais bien, ton père…

– Mon père vit dans le plus beau des châteaux ! Tous les soirs je vais le voir, et tous les jours je porte des cartes et je les colle pour qu'il soit encore plus beau et…

Nina fond en larmes. M. Lambord s'est levé, il se penche vers elle et lui prend les mains :

– Nina, Nina… On va appeler ta mère, on va régler ça, tu veux bien ? Toi, Pablo, tu peux retourner dans ta classe, va.

À cinq heures, Nina attend Pablo devant la grille de l'école. Elle ne s'est pas fait gronder, le directeur a discuté avec sa mère au téléphone et tout est fini. Elle a promis de ne plus voler de cartes. Mais elle veut montrer son château à Pablo, s'il accepte.

– Bien sûr, allons-y, répond Pablo en ajustant son sac sur son dos. Dommage, il n'aura pas le temps de passer chez la Goule lui raconter la fin de l'histoire des cartes et lui annoncer qu'on ne le traitera plus de voleur. Mais Nina a l'air si triste, il lui doit bien ça. Ils se dirigent vers les Quatre Routes, traversent le nouveau marché couvert. Des hommes en vert nettoient les allées, les cageots vides sont empilés. Demain matin, il y aura foule. Des marchands de légumes, des étals de tissus, des tonnes de viandes, des œufs, du poisson, des sacs en cuir, des senteurs et des cris mélangés, le même brouhaha, la même vie que sur la place de Santa Maria. Nina prend la main de Pablo. Il sursaute mais ne dit rien. La main de la petite fille est froide et menue.

– C'est un peu loin, mais pas trop.

Ils marchent à deux dans ces rues que Pablo connaît bien désormais. Ils passent devant la station de métro et suivent le trajet du tramway. Devant le stade, Nina sourit, gênée :

– Si on avait eu un ticket, on aurait pu prendre le tramway.

Mais Pablo la rassure, il aime bien marcher. Nina est soulagée, elle avance vite. Elle tourne à droite, rue Edgar-Quinet, jusqu'au carrefour du Chêne. Devant l'école maternelle, Pablo comprend que Nina se dirige vers le parc. Il n'y est encore jamais allé. On lui a raconté qu'il y a de très grands arbres, un lac, des cascades et des oiseaux, beaucoup d'oiseaux. Peut-être qu'il cache aussi un château, celui du père de Nina ? Après tout, pourquoi cette histoire ne serait pas vraie ? Ce doit être un endroit merveilleux… mais ça rendrait sa mère folle de le savoir seul là-bas. Marcher à deux est une sensation nouvelle pour Pablo, il sourit. S'il revoit Georges, il lui demandera s'il peut l'accompagner, parfois, quand il fait du vélo. Peut-être qu'ils iront ensemble se promener dans le parc ?

– C'est par là.

Nina l'entraîne vers une zone de la ville où Pablo n'est encore jamais venu. Ils sont au-delà de l'autoroute. Il n'y a plus d'immeubles, les rues sont devenues des routes balayées par les feuilles mortes qui volent au vent.

– On y est, dit Nina.

Devant eux s'ouvre un immense horizon. Des arbres, des allées… et des tombes. Nina a emmené Pablo au cimetière ! Elle le guide jusqu'au croisement d'une allée, devant une pierre plate totalement recouverte de cartes japonaises. La pluie les a délavées, mais certaines brillent encore. Sur la tombe, un ange présente une plaque avec un nom et des dates. Il porte une couronne, un élastique rouge entortillé autour de sa tête. Nina pointe la tombe du doigt, son visage est radieux :

– Le château de mon père ! Il est beau, tu ne trouves pas ?

Pablo ne répond pas. Il serre la main de Nina très fort, son cœur se serre. Au fond, cette fille est un peu comme lui. Elle invente son château pour garder son père vivant comme lui marche pour garder vivant le souvenir de sa vie en Colombie.

13

UNE ÉTOILE SE RÉVEILLE

Ce soir, dans son lit, Pablo a froid. Il revoit les grands yeux de Nina devant la tombe de son père. Il est content que son père à lui soit vivant. S'ils étaient restés en Colombie, peut-être qu'il aurait été tué, comme le *tío* Ramon ? Pablo se demande comment le père de Nina est mort et ce que ça fait d'être orpheline. Cette fille lui a offert son secret, elle s'est dénoncée pour qu'il ne soit pas accusé. Maintenant, Pablo sera son ami pour toujours, il ne la laissera pas seule quand il verra du chagrin sur son visage. Pablo n'arrive pas à se réchauffer. Il attrape le châle d'*abuelita* et se pelotonne dessous. Mais ça ne suffit pas. La lumière de la lune passe à travers les lames des volets, elle trace au sol de longs traits. Pablo les compte une fois, deux fois. Il se retourne, soupire. Marisol est agacée :

– Arrête de bouger ! Comment veux-tu que je dorme ?

Pablo essaie de rester immobile, il compte dans sa tête les drapeaux des pays qu'il connaît. Jaune, bleu et rouge pour la Colombie, bien sûr. Bleu et blanc avec un soleil pour l'Uruguay. Bleu, blanc, rouge, étoile bleue, étoile rouge, c'est le Panama. Bleu, blanc, rouge aussi pour la France, mais sans étoile. Jaune, bleu, rouge, bleu, blanc, rouge, le jaune soleil de la Colombie devient blanc de neige en France. C'est la seule différence. Ou presque, parce que les couleurs sont horizontales en Colombie et verticales en France, mais ça reste des bandes de couleur. Petit à petit, Pablo sombre dans le sommeil. Les bandes des drapeaux deviennent des pointillés sur la route, il marche. Les pointillés vont de plus en plus vite, Pablo n'arrive pas à les suivre, il perd pied. Il n'y a plus de route, Pablo tombe.

– Non !

Il se réveille en sursaut. Marisol est près de lui, elle lui tient la main.

– Pablo, Pablito…

– Marisol ?

– Tu as crié, tu rêvais.

– J'ai vu la fin de la route, Marisol. Il n'y avait plus rien.

Pablo se colle contre sa sœur, son visage est mouillé de sueur. Marisol passe sa main fraîche sur son front.

– Tu as fait un cauchemar. C'est fini maintenant.

Le frère et la sœur restent là un moment à ne rien dire, à écouter leur respiration et le silence de l'appartement.

– Marisol ?

– Mmm…

– Marisol, chante-moi ta chanson, tu sais, celle où les fleurs s'endorment.

Marisol sourit dans le noir. Cela fait des mois qu'elle n'a pas chanté ce *bambuco*, elle l'avait toujours au bord des lèvres quand ils vivaient là-bas.

« *Al caer de la tarde cuando se duermen las flores y murmura a lo lejos una oración la quebrada, se despierta un lucero y entonan los ruiseñores un concierto de trinos en la enramada. Y poquito a poquito va ribeteando la luna la silueta que borda sobre el trigal mi cabaña*[1]… »

– Dis, Marisol, pourquoi tu ne chantes plus cette chanson ?

– Trop ringarde, *hermanito mio*, tout le monde se moquerait de moi au lycée.

Pablo se dit que ce chant est bien plus beau que la musique qu'écoute Marisol depuis qu'ils vivent en France.

– Tu m'imagines, chantant *se despierta un lucero*… « Une étoile se réveille » devant les copines ? La honte.

– Oui, je te vois : belle dans la lumière du soleil, tes longs cheveux brillent, et tes yeux sont comme du feu. Tes mains bougent, elles dessinent autour de toi les mots que tu chantes. Et personne, personne ne

1. « Au crépuscule, quand les fleurs s'endorment et que le torrent murmure une prière au loin, une étoile se réveille et les rossignols entonnent un concert de trilles dans la ramure. Et petit à petit, la lune met un liseré à la silhouette que ma cabane brode sur le champ de blé… »
« Au crépuscule », chanson d'Álvaro Dalmar.

peut se moquer parce que tu es la plus belle et que tu les fais pleurer de bonheur avec ta musique…

– Pablo, Pablo tu es si gentil… mais tu es fou. Plus personne n'aime ce genre de musique. Allez, dors, demain, on a classe.

Marisol borde son frère. Il ferme les yeux. Elle regarde son visage à la lueur de la lune. Elle embrasse ses cheveux et monte s'installer dans son lit. D'une voix endormie, Pablo murmure :

– Marisol ?

– Qu'est-ce que tu veux encore ?

– Dis, Marisol, tu viendras chanter *Al caer de la tarde* dans ma classe ?

– Dans ton école ? Quelle drôle d'idée…

– *Sí* Marisol. Vendredi, le jour avant les vacances, la maîtresse veut qu'on apporte quelque chose de chez nous. Moi, c'est ça que je veux prendre à l'école : ta chanson. Tu viendras, dis, Marisol ?

– Sûr, pour toi, je le ferai, Pablo. Si tu ne le dis pas à mes copines, j'irai chanter le *bambuco* dans ta classe.

Un nuage passe devant la lune. Dans la tête de Marisol, les notes de musique se mêlent aux souvenirs. Elle sourit encore en s'endormant. Pablo, lui, est déjà loin dans ses rêves, au milieu d'un parc de grands arbres où Marisol chante avec des *guácharos* apprivoisés…

14

DE CHAT EN CHAT

La matinée commence bien. La maîtresse félicite Pablo : il progresse bien dans toutes les matières, et même s'il n'a eu que quatre sur dix à la dernière interrogation de grammaire, il fait de moins en moins de fautes. Sous ces belles paroles, Pablo se sent rougir jusqu'aux oreilles. Il est encore tout content quand sonne la récréation.

Il aperçoit Nina, elle est seule près de l'escalier. Il la rejoint et lui raconte que la maîtresse lui a fait des tas de compliments. Nina a aussi quelque chose de très important à lui dire : depuis hier, elle a un chaton ! Sa mère est arrivée avec après son travail. Nina l'a appelé Café, parce qu'il est tout noir comme la poudre de café et parce que le pays de Pablo est le pays du café, Nina le sait, elle s'est renseignée sur la Colombie. Pablo est très fier que Nina ait pensé à lui en nommant son chat. Il lui promet de lui révéler son secret à lui, mais elle doit attendre un peu. Pablo demandera à la Goule si elle est d'accord, et un soir, il fera une surprise à Nina : il l'emmènera chez la vieille femme, il lui montrera le gros matou roux et le jardin aux chats. La fin de la récréation sonne. Pablo rejoint sa classe, il se dit qu'entre les félicitations de la maîtresse et le chat de Nina, la matinée est riche de bonnes nouvelles.

À midi, à la cantine, Baptiste s'approche de lui dans la file d'attente. Pablo se demande ce qu'il veut, Baptiste a l'air très embêté. Au bout d'un grand moment de silence, il avoue à Pablo qu'il n'aurait pas dû l'accuser comme ça l'autre jour, mais il était très en colère d'avoir perdu ses cartes, et tout le monde disait que c'était Pablo le voleur. Baptiste attrape son plateau de cantine, il pose un verre et les couverts dessus. Pablo lui tend la main. Surpris, Baptiste veut toper mais tout dégringole de son plateau, le verre est en mille morceaux, la cantinière ronchonne :

– Et allez, un de plus… Ah ! ces gamins, ils ont pas deux mains mais trois pieds et deux nez, ma parole !

Pablo et Baptiste éclatent de rire. La cantinière râle tout le temps, mais au fond elle est gentille, ils le savent bien. Ils l'aident à réparer les dégâts puis déjeunent côte à côte : ragoût de dinde et brocolis, tout un programme. Baptiste est un fan de mangas et de cartes japonaises, mais il aime bien les animaux aussi, il collectionne les images de papillons. Pablo lui parle des milliers d'espèces qui vivent en Colombie. Baptiste est très intéressé, il veut tout savoir sur leurs couleurs, les endroits où vivent les chenilles et les papillons, sur quelles plantes…

Baptiste est une machine à questions, Pablo ne sait pas répondre à toutes, mais il aime bien discuter comme ça. En tout cas, il s'est fait un copain. Marisol va être contente, elle insiste toujours pour qu'il ait des amis en dehors de l'immeuble. Après le repas, Baptiste est inscrit à la bibliothèque, ils se retrouveront en classe. Pablo reste seul. Il s'assoit au pied d'un platane. Il a gardé son dessert pour le manger au calme. Il regarde Dorian et ses copains, ils courent du préau jusqu'aux toilettes et reviennent en riant. Un garçon de CM1 est le chat, il se précipite dans tous les sens mais il n'arrive à toucher aucun des enfants. Dorian peste :

– Mais qu'est-ce que tu fais ? Pas doué, le chat…

À ce moment-là, il aperçoit Pablo et s'adresse à lui :

– Tu veux jouer ? J'ai besoin d'un chat un peu plus malin, viens.

Pablo s'est levé sans réfléchir. Il lance le reste de sa pomme dans la corbeille et court remplacer le chat. Un zigzag à droite, un autre à gauche, Pablo a touché Idris ! Dorian éclate de rire :

– Ça, c'est du chat ! À toi, Idris, on continue.

Quand sonne l'heure de retourner en classe, Pablo est épuisé d'avoir tant couru, épuisé et tellement content ! Maintenant, il sait qu'on peut être Colombien en France, recevoir des bravos de la maîtresse, compter dans le cœur de Nina, devenir ami avec Baptiste et jouer à chat dans la bande de Dorian. Ce soir, quand il va raconter tout ça à la Goule, elle n'en croira pas ses oreilles ! Vraiment, c'est une très belle journée…

15

DE SUCRE ET DE MIEL

La pluie est arrivée tout d'un coup, dans l'après-midi. Le ciel est devenu noir, une violente bourrasque est passée sur l'école et les nuages se sont déchirés en grandes cataractes d'eau. Après l'école, Pablo passe poser son sac à la maison. Il annonce qu'il ressort, mais *abuelita* n'est pas d'accord : il pleut à verse et il risque d'attraper la mort. Pablo lui tient tête, lui fait les yeux doux, lui donne un baiser… elle finit par céder. Elle le laisse repartir, un *bocadillo*[1] planté entre les dents.

Pablo arrive au portillon derrière chez la Goule. Il a couru depuis chez lui, il est essoufflé. Ses cheveux trempés dégoulinent dans son cou, son blouson est à tordre, mais il n'a pas froid, il a encore à la bouche le goût sucré de la goyave. Il croit voir une ombre, une silhouette derrière les arbres. Il y a quelqu'un chez la Goule ! Et un ruban orange masque la porte. Qu'est-ce qu'il se passe ? Il est arrivé quelque chose à la Goule ! Pablo fonce, il traverse le jardin, arrive devant la porte.

1. Pâte de fruit de goyave.

Elle est bien fermée par ce ruban de plastique, Pablo l'arrache. Il crie :

– Eh ! Ohé ! Vous êtes là ?

Des craquements de branches, un bruit de pas, Pablo se retourne.

– Mais… Qu'est-ce que vous faites ici ? Vous m'avez suivi ?

Pablo ne comprend plus rien. Pourquoi Georges est-il là, planté devant lui, dans le jardin de la Goule ? Avec son costume, il a l'air si sérieux. Et pourquoi a-t-on posé ce ruban en travers de la porte ? Même les chats, si présents d'habitude, ne donnent pas signe de vie ; quelque chose est arrivé. Pablo n'ose pas se l'avouer, il sait. Mais il ne veut pas que ce soit ça. Georges le serre contre lui, il l'abrite sous sa veste.

– Je t'attendais. Rentrons, tu vas prendre froid.

Georges soulève le ruban et pousse Pablo dans la maison. Les rideaux ont été enlevés, la pièce vide paraît plus grande. Le couvercle qui servait d'écuelle aux chats n'est plus là. Pablo fait le tour de la cuisine, il passe un doigt sur la table trop propre. Il baisse la tête.

– Elle est… C'est ça, hein ?

– Oui, cet après-midi. Les pompiers passaient par là pour voir si elle n'avait besoin de rien, ils l'ont trouvée, couchée sur son lit. Elle souriait. Le service sanitaire est passé, ils ont emporté son corps.

– Ils ont tout nettoyé.

Georges fait signe que oui. Pablo ajoute, presqu'en murmurant :

– Ils ont emporté ses morceaux de robes...

Il court dans la pièce du fond, celle où la Goule avait pris son bain.

– Et les tutus ! Ils ont enlevé les tutus aussi !

Pablo s'effondre, à genoux sur le carrelage, il pleure. Georges le rejoint, il s'assoit par terre près de lui.

– Je la connaissais aussi, tu sais. Cela fait des années qu'on essayait de la faire aller dans un hospice, mais elle ne voulait rien savoir, une vraie tête de mule, Rosa.

– Elle s'appelait Rosa ? demande Pablo entre deux reniflements. Comme ma petite sœur...

– Oui, Rosa Langevin. Hier, l'assistante sociale est passée la voir, Rosa lui a donné un paquet pour toi. Comme si elle savait...

– Pour moi ?

– Sur l'emballage, elle a écrit : « Pour mon ami Pablo ». Ce ne peut être que toi.

Pablo ravale ses larmes, il respire fort. Georges sort une grosse enveloppe de sous sa veste et la lui tend. Le papier est solide, Pablo a du mal à le déchirer. Il extirpe de vieux journaux, des prospectus ramassés dans la rue, une étiquette de boîte de fromage... Enfin, une lettre et un objet dur entouré d'un papier de soie bleue. Sa main tremble trop, il pose la feuille sur sa cuisse pour la lire.

Pablo, mon garçon,

Quand tu liras cette lettre, je serai partie rejoindre les étoiles, les châteaux en Espagne et les nuages de papillons dorés. Parce que s'il y a un paradis pour ceux qui ont profité de la vie, alors j'y suis allée tout droit. Ne pleure pas, surtout, ne pleure pas, mon petit. Tu vois, moi, je ne pleure pas. Il faut que j'y aille, alors j'y vais, c'est tout simple. Je te laisse un souvenir, celui-là, j'ai réussi à le garder quand les huissiers m'ont tout pris. Ils n'en ont pas voulu, c'est du toc. Mais il est joli quand même, il brille, tu ne trouves pas ? J'ai dansé La Mort du cygne avec, c'était un beau ballet. N'oublie pas de dire à ton père de venir avec ses abeilles, et à Marisol qu'elle a tous les avenirs devant elle. À ta mère, ne dis rien, ou plutôt si : dis-lui qu'elle possède un trésor comme je n'en ai jamais eu, je suis jalouse, voilà. Et jalouse de ta grand-mère aussi. Prends le temps de grandir, mon petit, vis tes rêves. Et si parfois tu as du chagrin, pense à ce jardin, viens y poser tes soucis : ils donneront de très belles fleurs de rêves, c'est une bonne terre.

Je ne t'embrasse pas, ça fait mauvais genre. Je te serre, tout contre moi, et te dis merci.

Rosa la Goule

P.S. : Je sais bien que les garnements m'appellent la Goule, et toi aussi. Alors, pour toi, je veux bien rester la Goule. Même si je n'ai rien d'une femme vampire, qu'est-ce que tu en dis ?

Pablo lève des yeux remplis de brouillard vers Georges. Il lui tend la lettre pour qu'il la lise. Il soulève le fragile papier bleu posé sur ses jambes. Un magnifique diadème de strass et de pierres colorées luit dans son écrin de soie.

– C'est trop beau, regarde. Je vais le montrer à Nina, ça lui plaira parce qu'elle est une vraie princesse.

Pablo raconte à Georges l'histoire de Nina et de son château. Il lui dit que la Goule avait des châteaux dans sa mémoire, et lui aussi avec ses images de Colombie s'est construit des châteaux dans la tête.

– Tu te rends compte, ma petite sœur, Rose, elle n'aura aucun souvenir de là-bas, elle comptait seulement trois mois quand on est parti, constate Pablo.

– Oui, c'est une vraie Colomcourneuvienne, remarque Georges.

Pablo rit, il ajoute :

– Ou une Courcolombienne... mais pas un couroucoucou, elle ne sait pas siffler...

Le fou rire prend Pablo et Georges. Mais tout à coup Pablo redevient sombre.

– On ne peut pas rire dans la maison d'une morte, ça ne se fait pas.

– Je crois que si, ça aurait plu à Rosa qu'on rigole en pensant à elle.

– Tu as raison. Tu veux un cocktail ? On va boire à sa pensée.

Pablo emmène Georges dans la cuisine. Il sort du placard les verres, la carafe cabossée et la tige à touiller. Il prépare le sucre au fond des verres. Il prend de l'eau à l'évier quand le gros chat roux passe dans ses jambes.

– Les chats ! Qui va s'en occuper ?

– Tu sais, ce jardin va rester comme ça pendant un moment, le temps de savoir ce qu'on en fait. Les chats seront bien ici, tu pourras venir les voir.

– Oui ! Je leur porterai du lait. Pour le reste, ce sont de bons chasseurs, ils se débrouilleront. Je viendrai avec Nina, elle aime bien les chats aussi. Peut-être qu'on arrivera à apprivoiser ce gros matou ? ajoute Pablo en essayant de caresser le chat qui s'enfuit dans le jardin.

Avec cérémonie, Pablo lève son verre :

– À toi, la Goule…

Mais le chat réapparaît, suivi d'une dizaine de compères. Ils ont entendu l'eau couler, signe que quelqu'un pourrait leur donner à manger. Ils furètent dans les coins de la pièce à la recherche de leur gamelle. Pablo rit et reprend :

– À toi, la Goule, à tes fidèles compagnons à quatre pattes.

– À la tienne ! ajoute Georges en choquant son verre contre celui de Pablo. En souvenir de Rosa, à son amour de la vie.

Pablo verse un peu d'eau sucrée dans une assiette ébréchée, il la donne aux chats. Georges boit son verre à petites gorgées.

– Tu nourriras les chats, et ton père pourra installer une ruche ou deux s'il veut, en attendant de savoir ce qu'on fera de ce jardin. Je me suis renseigné, tu sais. Le dossier de régularisation pour ta famille est en cours. On n'est sûr de rien, mais on va tout faire pour qu'il soit accepté.

– Ça veut dire qu'on va avoir des papiers ?

– Oui, si tout se passe bien, vous pourrez vivre ici en toute légalité. En tout cas, moi, j'aimerais bien voir un Courneuvien de plus comme toi.

Pablo sourit de tout son visage. Il caresse le chat roux qui ne bouge pas, les moustaches plongées dans son assiette d'eau.

– Vendredi, j'irai à l'école avec le bonnet que m'a tricoté ma grand-mère, il a les couleurs de la Colombie. Et Marisol viendra chanter son *bambuco* dans ma classe. Je veux dire à tout le monde que je suis Français, Courneuvien et Colombien en même temps. C'est *abuelita* qui va être contente... Tu crois que je pourrais écrire à Esteban pour lui raconter tout ça ? C'était mon meilleur ami à Santa Maria.

Georges rit. Il frotte la tête de Pablo qui range les verres.

– Pourquoi pas ? Dimanche, à Roissy, je vais voir les avions voler. Tu m'accompagnes ? Je te prêterai mon ancien vélo, en descendant la selle, ça ira. Tu sais pédaler ?

Pablo se jette dans les bras de Georges en faisant signe que oui. Les larmes qui remplissent ses yeux ne sont plus amères, elles sont pleines de joie. Cette fois, Pablo regardera les avions s'envoler sans avoir envie de partir sur leurs ailes. Cette fois, il aura envie de rentrer chez lui, à La Courneuve.

La pluie s'est calmée. Les derniers rayons du soleil transpercent les nuages et le ciel gris se teinte de violet. Les arbres du jardin ruissellent, ils scintillent aussi fort que sous la lumière de Colombie.

Les abeilles de son père se sentiront bien ici. Pourvu qu'on leur laisse des fleurs à butiner, elles sauront les transformer en nectar. L'été prochain, le miel sera bon à La Courneuve.

REMERCIEMENTS

À Benjamin Lacombe qui a donné ses couleurs à Pablo.

À Oscar Widemann, qui m'a tout appris sur les cartes à collectionner.

À Brigitte Arcil, pour ses souvenirs de Colombie, à Anne Lordet, Françoise Malonda, Karim Ressouni-Demigneux, Maryvonne Rippert, Benoît Widemann, et vous tous pour vos relectures.

DANS LA MÊME COLLECTION

Claudine Aubrun
Les Contes de la bisbille

Clotilde Bernos
Aninatou

Marie Bertherat
N, princesse rebelle

Sylviane Doise
La Malédiction de Jack l'Éventreur

Ricardo Gomez
Œil de Nuage

Katherine Hannigan
Ida B.

Marjolijn Hof
Une petite chance

François Leterrier
Rue Charlot

Claire Mazard
Un cow-boy dans les étoiles

Anne Poiré
Le Journal de ma sœur

Nicole Parrot
Treize étranges histoires

Ellen Potter
Too Much

Rosa Amanda Strausz
Un garçon comme moi

RÉALISATION : NORD COMPO À VILLENEUVE-D'ASCQ
DÉPÔT LÉGAL : AVRIL 2008
ACHEVÉ D'IMPRIMER EN FÉVRIER 2008
SUR LES PRESSES DE RODESA EN ESPAGNE